Diálogo amistoso
ENTRE UN
ATEO CHINO
Y UN
CRISTIANO
ARGENTINO

Luis Palau & Zhao Qizheng

Diálogo amistoso
ENTRE UN
ATEO CHINO
Y UN
CRISTIANO
ARGENTINO

Editorial Vida®
.com

La misión de Editorial Vida es proporcionar los recursos necesarios a fin de alcanzar a las personas para Jesucristo y ayudarlas a crecer en su fe.

DIÁLOGO AMISTOSO ENTRE UN ATEO CHINO Y UN CRISTIANO ARGENTINO
Edición en español publicada
por Editorial Vida -2008
Miami, Florida

Edición: *Carolina Galán*
Diseño interior: *Cathy Spee*
Diseño de cubierta: *Grupo Nivel Uno, Inc.*

ISBN – 978-0-8297-5448-3

CATEGORÍA: RELIGIÓN COMPARATIVA

IMPRESO EN CHINA
PRINTED IN CHINA

08 09 10 11 12❖6 5 4 3 2

Este es un diálogo entre un ateo y un cristiano, entre un científico y un evangelista, entre un erudito marxista y un teólogo, entre un estadista y un activista social, entre una persona de Oriente y otra de Occidente.

El Sr. Zhao Qizheng y el Dr. Luis Palau se reunieron en Pekín el 20 de mayo de 2005 y posteriormente en Shangai el 16 y el 17 de noviembre del mismo año. El diálogo duró un total de ocho horas. Este libro está basado en las transcripciones de dichos diálogos.

Contenido

PRÓLOGO

Por Luis Palau

Desde que era niño, creciendo en Argentina, oí historias sobre el asombroso país que es China. He soñado con dicha nación, con su gente, su historia y su cultura. ¡Amo a China! Deseo lo mejor para ese gran país y para todos los que viven en él. Y ahora, después de conocer mejor a un líder maravilloso como es el Sr. Zhao Qizheng, mi amor y respeto por aquella tierra se han acrecentado.

Creo con todo mi corazón que Dios ama a China. Creo que él tiene un mensaje especial para ella y lo que más desea es compartir su amor con toda la nación. Por esta razón me sentí muy honrado al ser invitado por el Sr. Zhao Qizheng, un hombre respetable y gentil a quien ahora tengo el privilegio de llamarlo mi amigo. Fue un honor entablar dichas conversaciones, hablando abierta y sinceramente sobre nuestras creencias, entendimientos y conceptos erróneos acerca de la cultura de cada uno. Creo que como resultado, ambos hemos ganado una nueva comprensión y nos hemos alentado el uno al otro —como a muchos más que leerán este diálogo— a pensar críticamente sobre sus propias creencias, impulsando a cada uno a buscar a fondo la verdad fundamental y el significado de la vida.

Como tan elocuentemente ha declarado el Sr. Zhao Qizheng, nuestras opiniones sobre Dios, el mundo y la eternidad difieren de muchas maneras. Pero como también hemos demostrado, aquello no impidió que llegáramos a ser verdaderos amigos, personas que se respetan mutuamente. Como cristiano creo de todo corazón en la Biblia —la Palabra de Dios— y en su relevancia y poder para transformar nuestras vidas.

Como conferencista internacional tengo el privilegio y la responsabilidad de presentar a Jesucristo al mundo, sus enseñanzas y su regalo de vida eterna. Es un llamado al cual me aferro profundamente, porque creo que Jesús ofrece poder, libertad y satisfacción eterna tanto para una nación como para el individuo. Es un mensaje que deseo que todos puedan oír, y asimismo creer en él.

El rol del Sr. Zhao Qizheng como científico notable y respetado es considerar los hechos basándose en la lógica, en fórmulas y descubrimientos probados.

Como resultado, la conversación entre nosotros ha sido vívida, sincera y ha provocado la reflexión. Hemos empleado nuestras propias áreas de experiencia para comprender mejor nuestro mundo y nuestra razón de existir. Espero que usted encuentre nuestro diálogo igualmente fascinante.

Espero que a medida que nuestra comunicación progrese, continuemos construyendo un puente entre nuestras sociedades, y que nuestro diálogo abierto y sincero nos lleve a un mayor entendimiento de la verdad y al mismo tiempo fomente respeto, amor y amistad verdadera entre ambos a pesar de nuestras profundas diferencias.

Sr. Zhao Qizheng, le agradezco el haberme permitido llegar hasta usted, abrirme el corazón, ganar nuevos amigos y personalmente ver el país por el que oré durante setenta años. Amo a China.

PRÓLOGO

Por Zhao Qizheng

Jamás imaginé que un día sería el coautor de un libro basado en un tema como este. Sin las agradables charlas entre el Dr. Luis Palau y yo, nadie hubiese propuesto que nos uniéramos para redactar este libro.

Antes de estos diálogos con el Dr. Palau, lo único que él sabía de mí era que yo era uno de los muchos ateos de China, y que mis pensamientos y opiniones sobre la religión no diferían de los de miembros de mi familia, colegas y amigos.

El Dr. Palau es un teólogo y líder religioso internacional. Para poder dialogar con él, un ateo debería ser un filósofo, alguien bien instruido en teorías relacionadas con la religión. Yo, sin embargo, solo he tomado un curso de filosofía en la Universidad, aunque siempre he disfrutado pensando filosóficamente a lo largo de mi carrera: más de veinte años realizando investigaciones científicas y unos veinte años más desempeñándome como funcionario público. Como resultado, durante nuestro diálogo simplemente transmití de una manera directa y sincera mis pensamientos sobre la religión en general y sobre Dios en particular. Por carecer de capacitación teológica, no utilicé ningún tipo de terminología religiosa durante nuestras conversaciones.

En el transcurso de nuestro diálogo me referí al *Discurso sobre el puente del río Hao*, una historia conocida de la literatura clásica china, y le dije al Dr. Palau que a él le resultaba muy difícil apreciar los sentimientos de un ateo. De hecho, yo mismo tuve dificultades para comprender sus sentimientos. Mediante nuestro diálogo pude superar hasta cierto punto mi preocupación inicial sobre las dificultades en cuanto a la comunicación entre personas de diferentes trasfondos culturales. Pero ahora creo firmemente que es posible una comunicación profunda mientras exista el deseo de comunicarse, no como en la situación que se relata entre los dos sabios por un lado y el pez por el otro en el *Discurso sobre el puente del río Hao*. Ellos nunca llegaron a comunicarse.

He releído el texto completo antes de su publicación y he descubierto que mi manera de pensar y la del Dr. Palau son muy diferentes. Mientras que él cree que el laboratorio que verifica la existencia de Dios se encuentra en nuestro corazón —en otras palabras, cuando el corazón afirma la existencia de Dios, uno puede comunicarse con él— yo creo que este laboratorio existe independientemente de nuestro corazón y que solo cuando hemos verificado la existencia de Dios entonces nos podemos comunicar con él. Este es el punto de divergencia de opinión en varios de los temas y cuestiones importantes.

No pretendo que los lectores estén de acuerdo con lo expresado en este libro, pero sí confío en que concuerden con el enfoque que ambos hemos adoptado al llevar a cabo este diálogo. Tengo entendido que en algunos países y algunas religiones la gente mira con suspicacia los términos «teístas» (los que creen en Dios) y «ateos» (los que no creen en Dios). El Dr. Palau y yo hemos superado esa desestimación y los obstáculos a menudo asociados con «teístas» y «ateos» y, por lo tanto, fuimos capaces de transformar los diálogos, que podrían haber resultado severamente conflictivos, en una vía de mutua comprensión.

A todos nos gusta el término «armonía». ¡Quién no diría que la armonía entre las personas contribuiría a lograr armonía entre individuos de diferentes países, etnias y credos! El deseo de este libro es poder transmitir la convicción de que lo que tenemos en común nos permita trascender muchas de las diferencias e incluso los malentendidos que puedan existir entre nosotros, los seres humanos.

En la conferencia de prensa mantenida en Shangai entre Zhao Qizheng y Luis Palau, el Dr. Palau señaló: «Nos hemos conocido, sosteniendo uno el punto de vista de un ateo, y el otro, el de un cristiano, pero no tardamos en descubrir que tenemos mucho en común como seres humanos, que nos respetamos mutuamente y que disfrutamos de la compañía mutua. Estoy sinceramente impresionado por el conocimiento del Sr. Qizheng, no solamente en cuestiones científicas y filosóficas, sino también culturales, de relaciones internacionales y de teología. Él me ha hecho evocar cosas sobre las que no había meditado en treinta años. Deseo que la publicación de nuestras conversaciones en castellano nos ayude en Occidente a comprender el modo de pensar y el entusiasmo por el saber de un intelectual chino, como así también los asombrosos cambios que están aconteciendo en China».

Zhao Qizheng y Luis Palau en la conferencia de prensa
después de su conversación el 17 de noviembre del 2005.

El Sr. Zhao Qizheng dijo en esa misma conferencia: «El Dr. Palau y yo somos especies puras de dos culturas diferentes. Debido a que ambos fuimos muy sinceros durante nuestras discusiones, hemos podido romper las barreras impuestas por las diferentes ideologías e intercambiar puntos de vista sobre una gran variedad de temas. También me dejó pensando sobre muchos temas con los que en un principio yo no estaba familiarizado. Fui profundamente tocado cuando el Dr. Palau me confesó su amor por China. Y como fuimos sinceros y honestos, las diferencias de creencias no supusieron ninguna barrera entre nosotros, como tampoco lo fueron la diferencia del idioma o la educación recibida. Ha quedado claro que nuestro objetivo en común es promover la armonía mundial.

Zhao y Palau tomándose una fotografía después de su conversación.

20 de mayo del 2005.
En el salón de recepciones de la Oficina de información del Con-
sejo de Estado, Beijing, China.

Zhao Qizheng dando un discurso en el Foro Global de la Fortuna 2005 en Beijing.

Palau: Sr. Zhao, la prensa ha escrito mucho sobre usted. Habiendo promovido recientemente el *Foro Mundial de la Fortuna*, usted se ha convertido en la figura de primera plana de los diarios. Lo he visto tanto en los medios televisivos como en la prensa. Sé que es un hombre sumamente ocupado y me siento honrado de poder estar hoy aquí. Cuando hablé con mi esposa por teléfono, le dije que me iba a reunir con el mismo Sr. Zhao que ella había visto en la TV, y entonces me preguntó: «¿Por qué no me llevas? ¡Yo también quiero conocerlo!»

Zhao: ¡Será muy bienvenida en la China! Es una pena que no tengamos un equipo de TV aquí en este

Zhao Qizheng respondiendo preguntas planteadas por periodistas chinos y extranjeros.

momento, lo que posibilitaría que nos pudiera ver en vivo y en directo.

Palau: Lamento que no me haya acompañado. ¡Por supuesto que hubiese sido bueno televisar nuestro encuentro!

Zhao: Tengo dos amigos en el círculo religioso norteamericano: el Sr. Paul Crouch, presidente de TBN y el Sr. Marion Gordon Robertson, presidente de la Junta Directiva de CBN.

Palau: También los conozco. De hecho, el Sr. Crouch me ha pedido que le envíe sus saludos. Me contó que en una oportunidad le obsequió una Biblia.

Zhao: ¡Así es! Aún conservo esa Biblia. Soy ateo, pero he leído la Biblia. La versión en inglés me ha resultado muy hermosa. De hecho, la leo como libro de texto en inglés.

Palau: Si la está estudiando como libro de texto, entonces depende de qué edición está utilizando.

Zhao: Haré que mi colega vaya hasta mi despacho y la traiga aquí para que usted la verifique *(alguien trae la Biblia)*. Aquí la tiene.

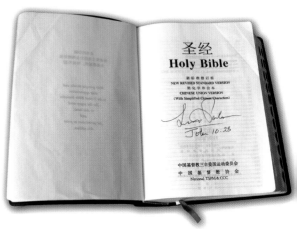

Una edición de la Biblia aprobada por Palau.

Palau: Es una buena edición; la puede seguir usando como libro de texto en inglés.

Zhao: Entonces le voy a pedir que me la firme, solo para demostrar que usted aprueba esta versión en inglés.

1

SOBRE DIOS Y LA BIBLIA

Catedral de San Patricio en Nueva York.

Libros religiosos exhibidos en la librería Zhongguan-cun en Beijing.

6. Palau: Dado su trasfondo secular y ateo, ¿qué le interesó? ¿Qué le llevó a leer lo que decía la Biblia?

Zhao: En mis viajes al extranjero me he dado cuenta de que hay una Biblia en casi todas las habitaciones de los hoteles. Así que por curiosidad me he puesto a leerla. En cuanto a libros impresos, la Biblia está en primer lugar en todo el mundo. Eso explica su importancia. En China se han impreso 40 millones de ejemplares de la Biblia en chino. Aun para un país populoso como el nuestro, es un número muy alto. De hecho, hay mucho material religioso traducido y publicado en chino, cientos de libros. Los podrá encontrar en cualquiera de las grandes librerías de China. En la ciudad de Nanking hay una imprenta dedicada exclusivamente a la impresión de la Biblia.

7. Palau: Sí, en las librerías en las que he estado he visto muchos libros religiosos. También he ido a la Compañía Editora Amity, en Nanjing, y me impresionó la cantidad, la calidad y la distribución de la Biblia por toda la China. Así que, estoy muy agradecido.

Ya que usted ha leído la Biblia; me gustaría saber qué fue lo que más le llamó la atención.

Zhao: He comenzado mi carrera como investigador en física nuclear. En física existen solamente tres teorías de Newton, muy claras y simples. Comparadas con ellas, la Biblia es mucho más complicada. Quizás podamos reducir la Biblia a unos pocos puntos básicos, como las leyes de Newton. Creo que esos serían suficientes. Primero: Dios es omnipresente, omnipotente y omnisciente. Dios es perfectamente bueno. Segundo, a causa de su pecado original, el hombre tiene dificultad para comunicarse con Dios. Tercero, por lo tanto, Dios envía a Jesús para comunicarse con el hombre. Cuarto, el hombre no debe tratar de diseñar su propio destino, sino que debe seguir la guía de Jesús y de la Biblia.

8. Palau: ¡Qué resumen tan perfecto de los principales puntos de la Biblia! Ni yo como teólogo lo hubiera resumido con tanta perfección y precisión. Por supuesto, existen muchos otros puntos sobre la fe cristiana,

Palau de visita en la Compañía Editora Amity en Nanjing.

pero usted ha mencionado los componentes más importantes. Me parece que usted podría ser un evangelista y que yo no debería tratar de convencerlo *(risas)*.

Zhao: Lo simple es hermoso. Las leyes de Newton son célebres por su precisión y belleza. También lo es la famosa fórmula de Einstein: simple en la forma pero muy significativa y rica en deducción. Aun desde el punto de vista no teológico, la Biblia es un libro importante y puede ser entendida desde muchas perspectivas.

9. Palau: ¿Podría darme su perspectiva de la Biblia?

Zhao: En primer lugar, la Biblia es un clásico para los cristianos, es la base de su credo. Es asimismo un libro de historia, ya que registra la vida, los pensamientos y deseos de diferentes personas que vivieron en Medio Oriente durante la antigüedad. La Biblia no solamente trata sobre los hebreos, sino también sobre los egipcios, cananeos, babilonios y demás pueblos que habitaron esa región del planeta. La Biblia no fue escrita por un individuo. Es la cristalización de la sabiduría de muchas personas transmitida de generación en generación como historia en forma verbal, y finalmente 1.300 años más tarde apareció el texto impreso. La Biblia representa un registro verdadero, confiable, de la vida durante los tiempos antiguos. Por ejemplo, en la Biblia no se menciona el té, ya que no había sido introducido desde el Oriente. Tampoco se menciona el fumar, porque ese mal hábito no existía en aquel entonces.

10. Palau: Es cierto. No menciona el té, pero yo me alegro de que ustedes, los chinos, lo hayan llevado al mundo entero.

Zhao: La Biblia además documenta el pensamiento filosófico de esos pueblos de la antigüedad que trataban de responder a las preguntas fundamentales, como por ejemplo, sobre el origen de la humanidad y del universo. Uno puede ver que su filosofía (principalmente su filosofía religiosa) había llegado a un nivel muy alto. Estas personas trataron de usar su sabiduría para responder esas preguntas existenciales.

Y la Biblia es asimismo buena, literariamente hablando. Integrando las culturas hebrea, griega y romana, rebosa de bellas prosas, proverbios y poemas. Y lo

La parte antigua de Beijing.

que es más, ha formulado muchas normas éticas tanto para las personas de aquel entonces como también para las de nuestra época. Vale la pena leer la Biblia desde todas las perspectivas.

11. Palau: Creo que usted ha comprendido ávidamente, de una manera asombrosa, lo que enseña la Biblia. Ha comprendido el sentido esencial de la Biblia desde la perspectiva del escritor. Existe también otra dimensión que estoy seguro de que usted ha podido notar y que se entiende al leerla por completo.

Desde la perspectiva cristiana, la Biblia es parte de la revelación total de Dios a los hombres. Primero, Dios se revela a través de la creación, la belleza del mundo. Toda la creación habla de la gloria y el poder de Dios. Así que cuando uno observa la creación, se da una idea de que Dios es omnipotente, que ama la belleza, es creativo y se goza con los pájaros, los peces y todas las cosas maravillosas de la creación. Por lo tanto, todo lo que usted ha dicho sobre la Biblia es absolutamente correcto.

Pero también está la dimensión espiritual en ella.

Segundo, Dios se ha revelado a sí mismo, personalmente. El libro de Colosenses dice acerca de Jesucristo: «Él es la imagen visible del Dios invisible». Cuando un científico como usted piensa: «quiero ver cosas concretas para poder comprenderlas», aquí entra Jesús, que dice: «Mírame a mí y verás el carácter de Dios». Es lo que llamamos «revelación progresiva». Se inició con la creación física y progresó hasta llegar a la revelación escrita: las Escrituras. Luego vemos la venida de Jesucristo como la revelación final de Dios en forma personal. Así que es una manera progresiva de conocer a Dios.

Lo maravilloso es que, dado que usted es un científico, la Biblia nunca contradice los verdaderos descubrimientos de la ciencia. La ciencia y la Biblia no se contradicen en sus descubrimientos verdaderos. Mi convicción personal y, por supuesto, la de todo cristiano, es que la Biblia es inspirada por Dios: aunque sus diferentes autores escribieron libremente, Dios predominó —si es que se puede utilizar esta palabra— para que el resultado final fuera lo que él quería que nosotros conociéramos acerca de él. Y esto es profundamente lógico, porque si Dios es un Dios personal, nosotros creemos que él nos ha creado, a los seres humanos, para que podamos relacionarnos con él. Debido a que Dios es invisible, tenía que revelarse a sí mismo, y lo hizo de manera progresiva. Así que para un científico que se convierte en un verdadero creyente en Dios por medio de Jesucristo, es doblemente emocionante.

Por ejemplo, ahora en muchas universidades están comenzando a hablar acerca del tema del diseño inteligente. También están hablando sobre la teoría del *Big Bang*. Y el libro del Génesis, en la Biblia, cuando dice: «En el principio, Dios hizo los cielos y la tierra», habla como si hubiera existido una gran explosión.

Termino con el punto final sobre la Biblia. El clímax de la revelación es la crucifixión de Jesucristo y su resurrección por ser el Hijo de Dios. Usted lo dijo bien cuando habló sobre la necesidad de un puente entre Dios y el hombre. Y ese era Jesús. Así que en su lectura, usted ha comprendido correctamente el mensaje.

Zhao: Usted ha dicho que cuando los diferentes autores escribieron los capítulos de la Biblia recibieron una revelación de Dios. Yo tengo una opinión diferente al respecto. Debido a que la Biblia fue escrita por un grupo de escritores, creo que cuando escribieron la Biblia estaban deseando que hubiera un Dios, porque de existir un Dios, ellos se habrían sentido mucho más cómodos y animados. Tal creencia los podía ayudar a resolver muchas dificultades en el transcurso de sus vidas, además de responder muchas de sus interrogantes fundamentales. Comparados con 3.000 ó 5.000 años atrás, ellos han tenido un progreso muy grande. Antes de la Biblia solo existían las religiones primitivas. Por ejemplo, una de las religiones primitivas era la hechicería. Tales religiones no tenían ni «Biblia» ni ningún otro tipo de escritura, solo los hechos de chamanes en ocasiones especiales.

12. Palau: Es muy interesante lo que usted acaba de decir. Creo que ambas cosas fueron ciertas de acuerdo con lo que dice la Biblia. Los autores de la Biblia tenían a Dios en el corazón, y San Pedro dice que el Espíritu de Dios vino sobre ellos para ayudarlos a escribir lo que era necesario que fuera escrito. Y en la Carta a los Hebreos, en el Nuevo Testamento, está expresado que Dios habló muchas veces y de diferentes maneras en el pasado a sus antepasados (Hebreos 1:1-3), para que cuando hubiera hambre de Dios, Dios mismo se revelara a la persona, y eso es lo que él ha hecho a lo largo de la historia. Y él está hablando ahora en China, y está hablando en la Argentina.

¿Recuerda usted a Billy Graham? Él estuvo en China hace unos quince años, y habló en una iglesia en Pekín o en Shangai, no recuerdo cuál…

Zhao: En ambas.

Palau: Habló sobre Jesucristo, la cruz y la resurrección. La esposa de Billy Graham se crió en China. Su padre era médico aquí en China. De hecho, el Sr.

Graham está orando por mi visita a vuestro país durante estos días.

Pero cuando terminó de hablar aquel domingo por la mañana, un señor mayor, chino, se le acercó y dijo al Sr. Graham por medio del intérprete: «¿Cuál era el nombre de ese señor que usted nos dijo que murió en la cruz?» Y el Sr. Graham le contestó: «Se llamaba Jesús». Y entonces el anciano le respondió: «Yo siempre he creído en él, pero nunca supe su nombre». En otras palabras, creo que estaba diciendo que en su corazón Dios se había revelado pero él desconocía los detalles.

Por lo tanto, desde los comienzos de la creación del hombre y la mujer, Dios ha estado manifestándose en los corazones de las personas, e hizo que se escribiera la Biblia para que esas personas puedan saber en qué creen y qué es lo que creen.

Zhao: Me acaba de contar algo muy vívido a través de la historia del anciano chino. Podemos encontrar muchas personas como aquel hombre en muchas partes del mundo. Esa es la base sobre la cual existen las religiones.

Yo leo la Biblia, pero no soy creyente. ¿Por qué? Porque no puedo comprender a Dios. Desde mi propia experiencia no puedo reconocer lo que la Biblia dice acerca de que Dios es perfectamente bueno y sin forma. Es decir, «la existencia de Dios está más allá de nuestra percepción y experiencia». Eso es lo que no puedo entender. Solo puedo comprender lo que existe, lo que es concreto y real. No sé si Dios habla inglés, francés o castellano. No tengo idea de cuál es su aspecto. Como consecuencia de eso no puedo comprender semejante concepto metafísico.

13. Palau: Precisamente por eso necesitamos que Jesús nos ayude a comunicarnos con Dios.

Zhao: Debo ser muy cauteloso cuando hablo con usted, de otro modo probablemente me estará guiando a Dios por medio de esta comunicación.

2

SOBRE LA CREACIÓN

El Juicio Final (Capilla Sixtina).

El ex presidente George Bush de visita en Lujia-
zui en Pudong, el 18 de enero de 1994.

14. Palau: Sé que a usted se le debe la urbaniza-
ción del área nueva de Puddong, en Shangai y todos
sus logros.

Zhao: Hablando de Puddong, recuerdo una iglesia
nueva que construimos allí. No es grandiosa, pero sí
muy bella. Construimos la iglesia en Puddong porque
creímos que vendrían cada vez más extranjeros y que
debíamos satisfacer sus necesidades. Al mismo tiempo,

teniendo en consideración las necesidades de la gente local, hemos construido además un templo taoísta y una mezquita.

15. Palau: Viajaré a Shangai la semana próxima, y visitaré esa iglesia cuando vaya a Puddong.

Zhao: Esta vez podremos hacerlo juntos. Si es posible, quisiera acompañarlo allí.

16. Palau: Recientemente leí un discurso de Einstein sobre la religión, donde decía: «Quiero conocer los pensamientos de Dios, el resto son detalles». También en otra oportunidad dijo: «La ciencia sin religión está lisiada, y la religión sin ciencia está ciega».

Zhao: Creo que los ateos están a favor de la ética contenida en la Biblia. Por ejemplo, la ética demostrada en muchas de las historias. Pero creo que el punto conflictivo se encuentra en Génesis. De hecho, creo que la historia de la creación del universo se puede encontrar no solamente en el Génesis de la Biblia sino en muchos otros países y entre muchos pueblos. En China nosotros también tenemos nuestro propio «Génesis», por así decirlo. Puedo contarle una historia de la mitología china sobre la creación del universo.

Palau: Cuénteme, por favor.

Zhao: Cuenta una antigua leyenda china que en tiempos remotos el cielo y la tierra eran inseparables y

La Creación de Adán (Capilla Sixtina).

todo el universo se encontraba en estado caótico. Entonces un gigante llamado Pangu separó el cielo y la tierra. Le llevó 18.000 años lograrlo, y no seis días, como indica la Biblia. A Pangu le llevó otros 18.000 años crear a los humanos y a muchas otras criaturas.

Con respecto a la creación de los humanos hay otra leyenda china. Una diosa llamada Nuwa los creó con barro y polvo.

En efecto, estas leyendas eran intentos de nuestros ancestros para responder a las preguntas fundamentales sobre el origen del universo y la humanidad.

17. Palau: Pero ¿no es acaso interesante? Son tantas las cosas que convergen allí, ¿no es cierto? La separación de las aguas y la tierra está en Génesis, y el hombre creado del polvo también se encuentra en Génesis. Usted sabe que esta puede ser la razón por la cual la cultura china tiene afinidad con lo que la Biblia enseña, y tal vez muchos chinos ya están creyendo debido a ese trasfondo. ¿No lo cree?

Zhao: Bueno, en China tenemos diferentes tipos de personas con distintas cosmovisiones. Continuemos hablando sobre mi dificultad para comprender el libro de Génesis. Dios dijo: «Que sea la luz y hubo luz». Y Dios separó la luz de las tinieblas y luego creó el sol. Pero me cuesta creer esta secuencia de la creación. Pienso que si Dios existe debería haber creado primero el sol y luego entonces haber separado la luz de la oscuridad.

18. Palau: Ahora estamos entrando en tema. La Biblia dice: «Dios es luz y en él no hay ninguna oscuridad» (1 Juan 1:5). Y esto tiene una cualidad moral porque cuando afirma que Dios es luz, habla acerca de su pureza y santidad, de que Dios es perfecto. Pero el sol fue creado por Dios para iluminar ciertas partes del universo, y no todo el vasto universo. Así que la luz ya existía antes que el sol, porque Dios es luz.

Otro punto más. Como ya sabe usted, no soy científico. Usted lo es. Por mi parte soy un teólogo. Pero hay científicos que aseguran que si el sol se ocultara, el universo aún tendría luz. Trataré de conseguirle algunos de los libros en donde dichos científicos explican esto. Creo que se sentiría muy intrigado por ese concepto.

Zhao: No puedo entender lo que dice el libro de Génesis sobre el origen de la luz. El tema del origen de la luz fue muy importante para nuestros antepasados. Estaban muy interesados y querían tener una respuesta.

Durante la época de Platón, los antiguos griegos creían que la luz venía de los ojos humanos. Así que, según ellos, solo había luz hacia donde los ojos alcanzaran a ver. Pero Platón sostuvo que esa determinación no era completamente correcta, ya que la luz también provenía de las lámparas y otros objetos que emitían luz. Pero tampoco podía responder a la pregunta: «¿Qué es la luz?» Luego, en el siglo XVIII, Isaac Newton declaró que la luz era una corriente de partículas. Por lo tanto, había sombra detrás de un árbol cuando la corriente de partículas era bloqueada.

Pero Christiaan Huygens, un científico contemporáneo de Newton, dijo que la luz era una modulación de ondas, como la modulación de ondas enviadas por radio y agua. Los experimentos han probado que la luz tenía la propiedad de difracción. Por lo tanto había una contradicción entre la opinión de Newton y la de Huygens. Probablemente, dado el reconocimiento que Newton tenía en esa época, la gente creyó más en su teoría que en la de Huygens.

Pero entonces apareció Albert Einstein y señaló que ambas determinaciones eran correctas. Así que, según él, la luz debe ser considerada como un *quantum* y adquirir la dualidad de partícula y onda. Así que como podrá ver, para los científicos es un proceso de reconocimiento bastante complicado responder a la pregunta sobre cuál es el origen de la luz. Creo que Dios no haría tan complicado esto de la dualidad de la luz. Más tarde, los científicos descubrieron que la transición de un electrón en la molécula atómica produce luz. Pero para Dios es muy simple: «Hágase la luz y la luz se hizo». Dios resolvió todo el tema en una sola oración, solo que él lo dijo dos mil años antes que estos científicos.

Palau: ¿Pero no cree usted que Dios no lo reveló para que los científicos puedan entretenerse tratando de descubrirlo y comprenderlo?

Zhao: Creo que usted ha reconciliado una contradicción entre los científicos y Dios.

19. Palau: Los científicos hoy en día están investigando y tratando de entender si hay un Creador y cómo se relaciona con todas las teorías de la ciencia, y hay muchos científicos serios estudiándolo profundamente. A mí me gustaría traerlo al ángulo moral y espiritual.

El concepto de la luz es muy importante en la cultura china, ¿no es cierto? Y Jesús dijo: «Yo soy la luz del mundo. El que me sigue no andará en tinieblas, sino que tendrá la luz de la vida» (Juan 8:12). Luego, en otra ocasión dijo: «La humanidad prefirió las tinieblas a la luz, porque sus hechos eran perversos» (Juan 3:19). Así que él utiliza la realidad de la luz y las sombras, la luz y la oscuridad, sobre las que usted estaba hablando, y le da una aplicación espiritual. Así que el día que usted, como científico, se convierta en creyente en Jesús, será quien mejor le explique estas cosas a la comunidad intelectual.

Zhao: Como llevo dos décadas comprometido con la investigación científica, estoy acostumbrado a adherirme al punto de vista materialista en mi epistemología. Pero esto no me ha impedido respetar a las personas que tienen creencias religiosas. Por el contrario, ha estimulado mi urgencia por tratar de comprender el significado de la religión y su existencia. Estoy muy deseoso de comprender sus puntos de vista, los de un refinado creyente en Dios. Tal punto de vista puede ser una excelente referencia para mí cuando trate de comprender las diferencias entre los ateos y los teístas.

Como señaló Max Mueller: «El que conoce uno, no conoce ninguno». Si los ateos solo conocieran el ateísmo, y los teístas solo el teísmo, esto significa que ellos conocen «uno» y por lo tanto, «ninguno». ¿Conoce a Max Mueller?

20. Palau: Sí. Era un alemán que escribió sobre religiones comparadas.

3

SOBRE RELIGIÓN Y ESPÍRITU

21. Palau: Un ateo puede ser un hombre muy solitario, porque al no tener relación con su Creador vive por su propia cuenta. He conversado con muchos ateos en Oriente y en Occidente y en general son personas muy solitarias en su interior. Hay una cierta falta de paz en la mente y el corazón hasta que uno conoce a su Creador.

¿Recuerda a Jean Paul Sartre, el filósofo francés? Él dijo: «El hombre está solo, abandonado a su propio destino». Y esa es realmente la expresión de una persona que no conoce a Dios. Uno se siente solo y abandonado a su propio destino.

Pero si uno conoce a Dios, entonces cuenta con un punto de referencia: ¿De dónde vengo? ¿Por qué estoy aquí? ¿Hacia dónde voy? Asimismo la historia tiene

*Río Haoliang en otoño, pintado por Li Tang de la Dinastía Sung
(Colección del Museo de Tianjin).*

sentido: ¿Cuál es mi origen? Hay un sentido de propósito: ¿Por qué estoy aquí? Y hay un sentido de destino: ¿Cuál es el futuro?

Zhao: Usted ha ofrecido pensamientos muy interesantes. Lo que dijo me recuerda a un suceso real de la historia china. Hace más de dos mil años hubo dos grandes filósofos: uno llamado Zhuangzi, y el otro Huizi. Mientras se paseaban por un puente sobre el río Hao, Zhuangzi dijo: «¿Ves cuán felices son esos peces que están en el agua? Y el otro filósofo le respondió: «Tú no eres un pez, ¿cómo puedes saber si esos peces son felices o no?»

Y Zhuangzi le respondió: «Si tú no eres yo, ¿cómo puedes saber que no tengo idea sobre la felicidad de esos peces?» De la misma manera, yo digo: Dado que usted no es ateo, ¿cómo puede usted saber si los ateos se sienten solos?

22. Palau: Porque los ateos hablan y escriben y expresan su angustia, su soledad interior.

Zhao: Eso significa que esos autores o conferencistas que usted menciona pueden sentirse solos en su corazón, pero no significa que todos los ateos nos sintamos solos.

Sé que cuando la gente se siente sola le pide ayuda a otras personas. Supongo que cuando los cristianos están en dificultades, a menudo piensan que Dios está con ellos y esto los hace sentirse más seguros y menos solos.

Pero para mí, la dificultad para comprender el teísmo es similar a la dificultad de usted para comprender el ateísmo. Creo que las diferencias entre teísmo y ateísmo quizás sean aun mayores que las que experimentan quienes hablan diferentes idiomas. De verdad deseo que nuestro diálogo sirva como un puente que una diferentes creencias y maneras de pensar. Lamentablemente, esta falta de comprensión mutua existe no solo en las áreas religiosas sino también en las culturales. Y en Occidente la religión está muy entrelazada con la cultura.

23. Palau: En algunos lugares es verdad. Cuando me referí a que un ateo se siente vacío no quise decir que están completamente solos en todas las áreas de su vida. Intelectualmente, por lo general los ateos son mucho más instruidos que los creyentes en Dios. A menudo un ateo está satisfecho intelectualmente en sus estudios y con sus libros. Yo me refería en particular a un vacío y una soledad espirituales, porque una persona puede sentirse intelectualmente realizada, y usted obviamente lo está. Como me ha contado, su padre le dijo que debía leer un libro al menos una hora por día, todos los días, ya que si lo hiciera, entonces en diez años sería maestro en lugar de alumno. Yo me refería a la soledad espiritual.

Así que una persona puede estar feliz pescando. Un pez puede estar feliz nadando en las aguas del intelecto, pero luego se encuentra en tierra seca en cuanto al alma y al espíritu. ¿Le resulta razonable lo que le digo?

Zhao: Bien, usted ofreció una interpretación distinta de la historia del pez. Por mi parte, no puedo responder a la pregunta de si el pez se siente feliz o no. Pero sí sé que el pez pertenece a una especie inferior a la del hombre. Los peces no pueden tener la misma cantidad de emociones y sentimientos que los seres humanos.

Palau: Una cosa segura es que no pueden leer libros debajo del agua, ¿cierto?

Zhao: Tampoco sé cómo duermen los peces en el agua.

Palau: Yo tampoco.

Confucio (551~479 a.C).   Sócrates (470~399 a.C).

Zhao: ¿Horizontal o verticalmente? No lo sé.

Palau: Jamás me pasó por la cabeza.

Zhao: Cuando mi hija era pequeña me preguntó si los peces dormían o no, y yo le respondí: «No lo sé».

Palau: No creo poder contestarlo yo tampoco.

Zhao: Ya que tocamos el tema de la soledad, quizás pueda ofrecer algunas acotaciones de la comparación entre Oriente y Occidente.

Lo que usted estaba diciendo es que cuando uno no posee creencias religiosas, su alma carece de sustento, y en consecuencia, todos los ateos tienen el alma en so-

Los dichos de Confucio, cubierta y texto.

ledad. No obstante, la religión es un fenómeno cultural. Es erróneo afirmar que alguien no creyente es inculto o no tiene cultura. De la misma manera que no es correcto decir que un no creyente no cree absolutamente en nada. Es más, no todos los creyentes son felices y no todos los ateos tienen soledad en el corazón. Ha habido numerosos ateos a lo largo de la historia, y no hay evidencias de que todos fueran solitarios simplemente porque no tenían «ese vínculo con Dios». Por ejemplo Confucio, a quien podemos considerar ateo, tuvo una profunda influencia en la mente y el espíritu del pueblo chino y posiblemente en muchas otras personas en otros países. Él tuvo una vida muy dura. Sin embargo, estaba lleno de pasión y alegría cuando dialogaba con sus discípulos.

Palau: Me gustaría escuchar más al respecto. Y una vez que lo haya hecho, me gustaría que me explicara qué entendía Confucio por el concepto del «cielo». [El término *tian*, la palabra que se usa aquí para traducir *cielo*, es bastante diferente del concepto occidental del cielo. Pero a falta de una palabra más precisa en caste-

llano, generalmente se emplea la palabra cielo en las traducciones.]

Zhao: Confucio no dio una definición exacta de *tian*. Ni tampoco se explayó en sus conocimientos sobre este concepto. Más bien se centró en la relación entre la humanidad y el cielo. Confucio dijo una vez: «Cuando tenía quince años comencé a dedicarme a estudiar. A los treinta ya me podía valer por mí mismo. A los cuarenta mi mente ya no estaba confusa. A los cincuenta supe lo que *tian* (el cielo) exigía de mí. A los sesenta mis oídos ya estaban preparados para oír palabras duras. A partir de los setenta he podido seguir los deseos de mi corazón sin transgredir las leyes». Aquí *tian* no significa cielo en castellano. Lo que Confucio quería decir es que uno debería conocer su destino y las reglas de la naturaleza y la sociedad. En una oportunidad un discípulo le preguntó a Confucio sobre el significado de la muerte, y el maestro le respondió: «Todavía no hemos comprendido el significado de la vida, ¿cómo podremos comprender el significado de la muerte?»

Confucio y Sócrates vivieron más o menos en el mismo período histórico. Los dichos de Confucio y de otros antiguos sabios chinos no tardaron en extenderse a lo largo del territorio para convertirse en una parte íntegra de la tradicional filosofía china. Los más populares tienen que ver con ideas éticas, aunque no configuran su ideología completa. La parte más profunda de la filosofía de Confucio resulta bastante difícil de comprender para el promedio de la población. Esto explica por qué durante estos miles de años la religión nunca ha sido dominante en China. El hecho de que los pueblos chinos hayan vivido en comunidad unos con otros, sin dividirse en una serie de pequeños países, como ocurrió en Europa y en Oriente Medio, se debe en gran medida a las teorías de esos antiguos filósofos chinos.

24. Palau: Esa puede ser una interpretación razonable. En otras palabras, deja muchas preguntas —especialmente la fundamental— pendientes de respuesta. ¿Es apropiado decirlo?

Zhao: El pueblo chino ha respondido a esas preguntas a su propia manera. Es cierto que gran parte de la filosofía china está centrada en este mundo, no en el más allá. Pero también es cierto que los chinos han tenido sus propios pensamientos profundos, sus propios «interrogantes fundamentales». Por ejemplo, han estudiado la relación entre cielo, tierra y hombre.

Los budistas, por ejemplo, siempre han creído en la reencarnación. Aunque muchas personas no son budistas, han recibido una profunda influencia de las ideas y la doctrina budistas. En el taoísmo se enfatiza la armonía entre la raza humana y la naturaleza. En términos modernos esto significa que el hombre es parte de la naturaleza. Él proviene de la naturaleza y llegará un momento en que retornará a ella.

En los tiempos antiguos, los emperadores chinos le daban suma importancia a sus sepulturas. Después de

Alumnos de escuela primaria estudiando obras clásicas chinas.

muertos eran sepultados de manera grandiosa y lujosa, y en sus tumbas había numerosas esculturas de cerdos, ovejas, caballos, carros e incluso imágenes de sus sirvientes. La gente creía en «un mundo de las tinieblas». Creían que incluso después de muertos podían seguir montando sus caballos o disfrutando la carne de sus animales en el «averno». Esto explica en cierta manera el modo en que los antiguos trataron de ocuparse de sus preocupaciones fundamentales.

He visto que algunos líderes religiosos y los que han alcanzado altos estudios en teología son muy lógicos en su manera de pensar. Esto quizás se deba al hecho de que la religión enfatiza el estudio de la filosofía.

25. Palau: La filosofía es el lado intelectual de un hombre pensante. La religión es el lado espiritual. Trata con el interior de la persona, el alma, el espíritu. En la Biblia solemos dividir al ser humano en tres partes: cuerpo, alma y espíritu. El cuerpo es la máquina física. Algunos ateos creen que eso es lo único que existe, solo el cuerpo; pero nosotros creemos que hay algo más que el cuerpo: el alma y el espíritu.

Gran parte de la raza humana descuida la parte espiritual. La filosofía se refiere al alma, al intelecto, al pensamiento y al análisis. Pero el espíritu es esa parte de la persona que le da la capacidad de conocer a Dios.

San Pablo dijo que estamos muertos espiritualmente hasta que le abrimos nuestro corazón a Jesucristo. Por ende, la teología tiene que ver con la parte espiritual, mientras que la filosofía tiene que ver con el alma.

Zhao: La expresión «interrogante fundamental» ha sido traducida al chino de varias maneras. Para su referencia, le explicaré desde la perspectiva de un ateo, mi propia opinión sobre el alma y el espíritu.

Los ateos no niegan su existencia, pero nuestra interpretación es diferente a la suya, aunque hay similitudes también. Tanto ateos como creyentes comparten la misma búsqueda en cuanto a la dimensión del alma y el espíritu. Este poderoso impulso no está debilitado entre los ateos por el hecho de no tener a Dios en el corazón. Sin duda, usted sabe que en el corazón de cada cultura

Más de cien estudiantes de quince años de la Escuela Primaria No. 11 en la ciudad de Zhengzhou, provincia de Henan,
usando las vestiduras de la Dinastía Han para observar el
llamado «crecimiento en cortesía» en el Templo de Confucio
el 5 de abril del 2006.

existe un alma y un espíritu que la hacen diferente de
las demás. De igual manera, todas las sociedades tienen
sus propios valores centrales. Este hecho demuestra que
el mundo espiritual y las creencias tanto de ateos como
de teístas son ricas y firmes en convicción. Tienen diferencias tanto como similitudes. Por esta razón necesitan
comunicarse mutuamente para tratar de comprender lo
que a cada uno le podría resultar difícil de comprender
acerca del otro.

En gran medida, la filosofía china podría describirse como una serie de corrientes del pensamiento sobre
la relación entre el mundo físico y el mundo espiritual.

Luis Palau con su hijo Andrés y el presidente
Bill Clinton (Washington, D.C., 1997).

El materialismo epistemológico no niega la existencia
del espíritu, sino que más bien enfatiza la relación dia-
léctica entre lo físico y lo espiritual. En China, la construcción de la civilización material y espiritual ha sido
siempre igualmente importante. Los chinos creemos
que si solo tenemos una existencia física, sin alma ni
espíritu, entonces los seres humanos no somos diferentes de las vacas, ovejas o peces.

Filosóficamente hablando, debemos distinguir entre dos conceptos diferentes: religión y religiosidad.
Una religión tiene enseñanzas específicas, credos, ritos,
creyentes, iglesias y clérigos. La religiosidad, por otro

lado, se refiere a ciertas creencias. Por ejemplo, algunos pueden creer en la doctrina de Confucio. Él no es un creyente religioso, pero eso no significa que no tenga ningún tipo de creencia.

Palau: Me ha interesado su distinción entre religión y religiosidad. Yo digo a menudo que el cristianismo no es una religión, porque la religión es el esfuerzo humano por encontrar a Dios y la verdad fundamental. Cuando hablamos de Jesucristo nos referimos a que Dios vino a buscar una relación, no una religión.

Zhao: Me gustaría responder a lo que usted acaba de decir. La religión no fue diseñada por Dios, sino por los seres humanos, que desean acercarse a Dios por este medio.

26. Palau: Así es.

Zhao: Con respecto a las enseñanzas de Confucio y Mencio, algunas personas las consideran una especie de religión. De hecho, el confucionismo no es una religión. Trata de los principios básicos de la vida y del universo, de leyes morales y espirituales. Además, en el confucionismo no se teoriza acerca de la creación del mundo, ni existen ritos religiosos. Hay algunas ceremonias en conmemoración a Confucio, pero no son de carácter religioso. La recopilación de sus dichos puede ser considerada como su doctrina. La más conocida recopila sus ideas sobre cómo deberían vivir los seres humanos en armonía unos con otros. Comparadas con los escritos fi-

Representantes de varios
países participan en el Show
Internacional de Drama en
Beijing.

*La danza de las mil manos,
interpretada por una com-
pañía de arte de discapaci-
tados chinos.*

Autos a la entrada de millones de hogares.

El Teatro Nacional, una de las diez maravillas de la nueva arquitectura en China, seleccionado por el *U.S. Business Week* en el 2005.

Mencio (372~289 a.C.)   San Agustín (354~430)

losóficos europeos, las suyas son terrenales, mundanas. La mayor parte de la filosofía europea está dedicada a las consideraciones de las leyes de las cosas, mientras que Confucio se concentra más en las relaciones humanas. Así que podríamos decir que la filosofía china está más cerca del alma y del espíritu y es más flexible. Las filosofías china y europea se complementan la una con la otra.

27. Palau: Sí, cuando comencé a visitar el continente asiático estudié un poco sobre el confucionismo y el budismo, y me di cuenta de lo que usted acaba de decir: que no hay doctrina sobre la creación ni en el confucionismo ni en el budismo. No hay doctrina acerca de Dios y la creación. Y la moral de ambas filosofías en cuanto a las relaciones humanas creo que es excelente, por eso todos la citan. Lo que menciona acerca de Europa Occidental es cierto, que en los últimos veinticinco años se ha vuelto materialista y no tiene sentido de eternidad

Antigua residencia de
refugiados judíos en el
distrito de Hongkou,
Shangai.

Museo de los refugiados judíos en
Shangai.

El presidente de Austria, Thomas Klestil, acompañado por Zhao Qizheng durante su visita a la antigua residencia de judíos en Hongkou,
Shangai, el 20 de septiembre de 1995.

Zhao Qizheng en una conferencia en San Francisco, Estados Unidos, el 13 de septiembre del 2000.

en absoluto. En cambio, Jesús nos trajo la revelación del Creador eterno para que sepamos que vamos a vivir para siempre. No vamos a desaparecer una vez muertos, todo no se termina; vamos a vivir en la eternidad.

Zhao: Entonces las personas que crean en eso van a tener una visión más optimista. Eso será un gran alivio para ellas y quienes crean en ello no temerán a la muerte.

28. Palau: Efectivamente, y también tenemos sentido de urgencia por lo corta que es la vida, ya que la vida del ser humano no trasciende más allá de los 70 u 80 años. Así que la gente como San Pablo, San Agustín y yo nos dedicamos a explicarle a la gente que existe

El Dr. Palau predicándole a decenas de miles de personas en uno de los festivales norteamericanos.

algo aparte de este mundo, de nuestra vida terrenal. No son solo estos setenta u ochenta años. Hay un futuro glorioso, y nosotros nos preparamos para él.

Zhao: En cuanto al espíritu, me gustaría citar a Mencio, otro filósofo antiguo de la corriente de Confucio. En una ocasión dijo: «La vida es lo que yo deseo, y la justicia también es lo que yo deseo. Si no puedo tener ambas, sacrificaré mi vida por causa de la justicia» (Mencio 11.10). A veces uno sacrifica su vida por su patria, a veces por otras personas.

En cierta ocasión el presidente de Austria, Thomas Klestil (que falleció no hace mucho), me contó una trágica historia. Durante la Segunda Guerra Mundial, en el campo de concentración de Auschwitz, los oficiales nazis decidieron reducir a la mitad el número de los reclusos con la excusa de la escasez de comida. Decidieron, entonces, pasar lista de los prisioneros, y los que tenían números impares eran fusilados. Uno de ellos se paró y dijo: «Tengo siete hijos y no quiero morir». Entonces un sacerdote que tenía número par le dijo: «Yo no tengo hijos; quiero tomar su lugar». Aunque aquel hombre religioso nunca leyó a Mencio, lo que hizo fue de total acuerdo con las enseñanzas del sabio. Esto demuestra la universalidad del espíritu noble de la humanidad.

29. Palau: Mediante la lectura de la Biblia sabemos que todos venimos de un mismo padre y de una misma madre, Adán y Eva. Así que esa memoria que está grabada en todos nosotros se manifiesta en lo que usted dijo: uno muere por otro. Esa es la teoría cristiana de dar la vida por otro, la cual está dentro de cada uno. Nosotros nos emocionamos mucho cuando pensamos que Jesús, el Hijo de Dios, murió por nosotros. Eso a veces nos hace llorar, como sucede al escuchar la historia de aquel sacerdote. No existe amor más grande que dar la vida por un amigo. Eso dice Jesús en el Evangelio de Juan. Por supuesto, él llevó esta realidad a un plano mucho más profundo. Dijo que oráramos por nuestros enemigos y que los amáramos. Esto es bastante difícil. Pero dice la Biblia que cuando aún éramos enemigos de Dios, Cristo murió por nosotros; eso es lo que San Pablo enseña a través de la Carta a los Romanos (Romanos 5:8). Por lo tanto, Dios es amor.

Zhao: Entonces, las personas religiosas y quienes no lo son deberían vivir juntas en paz y amor, sin discriminarse unas a otras. De ese modo tendríamos un mundo global relativamente armonioso. Nuestro fin supremo es tener una sociedad, un mundo y una humanidad armoniosos.

30. Palau: He estado utilizando esa frase por muchos años: una sociedad armoniosa.

Zhao: La sociedad china tradicional le ha dado gran importancia a la armonía. No obstante, a principios del siglo XIX, China dejó de ser armoniosa porque era demasiado débil, y otros países demasiados poderosos arremetieron contra nuestra nación agresivamente durante más de cien años.

Muchas de las religiones del mundo son monoteístas, pero en China ni el budismo ni el taoísmo lo son. Son bastantes tolerantes y no discriminan a otras religiones. De hecho, en el budismo, Buda es diferente de los dioses. No puedo estar de acuerdo con los extremistas que ven a los no creyentes y a los que creen en otras religiones como herejes y por lo tanto considerarlos sus enemigos. Eso seguramente rompería la armonía, aun sin haber hecho nada para herirlos.

31. Palau: Es muy peligroso considerar herejes a todos los ateos y a los que creen en otras religiones. Es una idea horrible, porque propagaría el terror entre la gente. La relación entre Dios y los humanos no es como la de los humanos con las computadoras. Los humanos tenemos libertad para elegir hacia dónde ir, de otro modo nos convertiríamos en computadoras. No debemos tratar a los humanos como robots.

Zhao: Los ateos creemos que todos los seres humanos somos libres. La Biblia dice que Dios es todopoderoso. Si él es todopoderoso, ¿por qué no puede detener todo lo perverso y los desastres naturales, como por ejemplo los *tsunamis*?

32. Palau: Acaba de plantear una cuestión muy importante. No debemos culpar a Dios por darnos la libre elección, cuando nosotros los humanos estamos llenos de maldad. Dios es nuestro amigo, pero del corazón humano proviene la maldad. Respecto a los *tsunamis*, podemos intercambiar opiniones y pensarlo luego, pero hasta que no lleguemos al cielo nunca sabremos por qué Dios permite, por ejemplo, los *tsunamis*. Quizás Dios utilice los desastres naturales para despertar al mundo y llamarnos la atención debido a nuestra indiferencia hacia él y entre nosotros.

Zhao: Pero el precio que se paga es muy alto. He descubierto una colección de las obras de San Agustín. Él usaba la teodicea para explicar la coexistencia de Dios y el diablo, pero sus argumentos no son tan convincentes como los suyos. Quizás usted pueda escribir su propia teodicea. Aquí tengo la traducción china de sus obras junto con un dibujo de él. Se lo obsequiaré si lo desea.

33. Palau: Entonces démelo autografiado. Muchas gracias.

Y aquí tiene, por mi parte le obsequio mi último libro, titulado *Una vida de alta definición*. Es un libro acerca de una vida mejor. En vez de quedarnos con lo bueno, necesitamos hacer lo mejor, la vida más clara posible.

Zhao: ¡Oh! *Una vida de alta definición*, la mejor vida posible. El término más común usado en física para «definición» es «resolución», pero a veces la vida digital puede ser muy agotadora para los seres humanos.

34. Palau: Totalmente cierto. Se necesita un sistema que nos ayude.

Zhao: La vida digital puede traernos muchos beneficios, tantos códigos y números hacen que al cerebro le sea difícil registrar toda la información.

SOBRE LAS CREENCIAS RELIGIOSAS EN CHINA

Un templo en Beijing.

35. Palau: En el extranjero hay diferentes opiniones sobre cuántos cristianos hay en China. Por ejemplo, se dice que en vuestra nación hay entre 120 y 160 millones de cristianos comprometidos. ¿Son correctas esas cifras? Por otra parte, ¿qué porcentaje de la población china se encuentra influida por el budismo?

Zhao: En China hay alrededor de 16 millones de cristianos. Es probable que el número sea mayor, pero como no participan en las actividades religiosas no hay forma de incluirlos en las estadísticas. Hay muchos budistas en China, pero dado que no practican el bautismo ni otros ritos se hace difícil dar números precisos. Son muchas las personas influidas por el budismo. Durante el Festival de Primavera, por ejemplo, acuden entre 50.000 y 100.000 personas a un templo budista muy fa-

Un visitante extranjero fascinado por el molinete chino.

Un creyente budista devoto.

moso de la ciudad de Shangai. Muchas de estas personas creen en Buda aunque no se llaman budistas. Hablando en general, la cantidad de personas religiosas en China ronda el número de 100 millones (esos datos figuran en los libros que le obsequié). Es importante destacar que en China tanto las personas religiosas como quienes no lo son han convivido en paz durante siglos.

36. Palau: ¿Es cierto que algunas personas concurren al templo para recordar a sus ancestros?

Zhao: Las personas asisten a los templos por diferentes motivos. Pero la mayoría va a orar por la felicidad de su familia, por salud y prosperidad, y también para demostrar respeto por sus antepasados.

37. Palau: He estado en más de cien países. Desearía que el mundo sepa que aquí en China hay tantos cristianos que creen en Jesús como en otras religiones también. Creo que eso contribuiría a la comunicación sobre lo que realmente es China y a que el mundo tenga conocimiento de ello. ¿Me autoriza a hacerlo?

Zhao: Con seguridad, nos alegraría mucho que así lo hiciera.

38. Palau: Creo que el mundo necesita saber que en China las personas son libres para creer, y que hay millones y millones que creen en Jesús y en el cristianismo, por ejemplo. Creo que es bueno que el mundo sepa que esto es una realidad. Usted acaba de mencionar que hay millones de cristianos y cientos de millones de personas religiosas en China. A veces en otros países no se sabe, por ejemplo, que en China se imprimen copias de la Biblia. ¡Y ya llevan publicados unos 40 millones de ejemplares que se encuentran disponibles a bajo costo en las librerías!

Lo que estoy notando es un cambio tremendo en el ambiente espiritual en China. En todo el país existen alrededor de 100.000 iglesias, templos, monasterios y mezquitas. Me acabo de enterar que se han terminado dos iglesias nuevas en Pekín. Eso me ha impactado mucho, y me ha impresionado la calidad del cristianismo proclamado por las iglesias en China.

También me he reunido con algunos líderes de iglesias no registradas y me ha impresionado su entusiasmo por todas las cosas buenas que están aconteciendo en China.

Zhao: Hay un proverbio chino que dice: «Es mejor ver algo una vez a que te lo cuenten cientos de veces».

Podemos hablar ahora sobre un tema que está ligado a la política en cierto modo. En Europa y los Estados Unidos especialmente, hay muchos malentendidos sobre la realidad en China: su situación política, sus sistemas de prensa y religión. Para poner todos los malentendidos y ataques en una misma bolsa se dirigen en contra de la situación de nuestros derechos humanos. No obstante, creo que ningún país del mundo puede alegar tener una trayectoria perfecta en este tema, y los Estados Unidos y la China no son excepciones al respecto. Si los humanos fuéramos perfectos, entonces Dios no tendría nada que hacer y no tendríamos que realizar ningún tipo de esfuerzo.

39. Palau: Eso es cierto. Ningún país puede decirse perfecto, pero todos debemos trabajar hacia la perfección. Una cosa que quiero aclarar es que no confundamos a la prensa con el público. Tengo entendido que en los Estados Unidos el público en general tiene una opinión muy crítica con respecto a los medios de prensa. Los norteamericanos tienen más que libertad de prensa, ¡tienen caos de prensa!

Zhao: Bueno, a veces está dentro de los intereses de la prensa crear noticias sobre el caos porque pueden ganar más dinero.

40. Palau: Sí, pero pueden crearle muchos problemas al gobierno.

Zhao: Los líderes religiosos y del gobierno no deberían permitir ser manipulados por la prensa, ya que muchas veces los diarios y las revistas son diseñados por directores que están encerrados en sus despachos. Ellos diseñan sus «eventos» políticos de la misma manera en que los colores de moda son diseñados por la industria de la confección. Desafortunadamente, con frecuencia algunos políticos sucumben a la presión de la prensa e incluso la manipulan. Tanto en uno como en otro caso van en contra de la voluntad de Dios.

41. Palau: Sí, estoy totalmente de acuerdo en eso. Dios cree en la verdad, no en las mentiras. Me gustaría comunicar la verdad de todas las maneras posibles: los hechos sobre la faz espiritual y cristiana de China. Es decir, presentándole a la gente la verdad, en lugar de que continúen propagándose las mentiras.

Zhao: Excelente idea.

42. Palau: ¿Hay algo en lo que pueda contribuir en la comunicación de la realidad actual de China, pensando en quienes vivimos en Occidente?

Zhao: Hay muchas cosas que podría hacer. Con respecto al idioma, el chino es la lengua que más se habla en el mundo (debido a la cuantiosa población china). No obstante, hay muy pocos países que utilizan el chino. Por lo tanto, desde la perspectiva lingüística es muy difícil divulgar publicaciones y películas en chino, por ejemplo en América Latina, y no se debe únicamente a las barreras idiomáticas sino también a las diferencias culturales. Por lo general debemos reescribir nuestras publicaciones de manera que sean aceptables y entendibles para los latinoamericanos. ¡Es una tarea muy difícil!

Creo que usted podría servirnos de nexo en la comunicación con personas de otras culturas. Una vez concretadas las bases de la comunicación cultural, la comunicación política y económica es posible. En China abundan los espectáculos culturales y los naturales, hemos producido muchos DVD con estos paisajes, pero aun así no podemos esperar la visita de muchos latinoamericanos como turistas. Si ustedes pudieran adaptar estos DVD a los idiomas correspondientes y distribuirlos localmente, eso sería de gran ayuda para nosotros. Alternativamente, ustedes podrían enviar sus propios fotógrafos para producir sus propios DVD sobre la vida en China y sus paisajes, escenas cotidianas, vida cultural, etc.

Hace cinco mil años aparecieron las primeras formas de la lengua china, y hace unos tres mil años, ya estaba completamente desarrollada. Las distintas dinastías tenían sus historiadores oficiales. Por lo tanto, China pudo conservar una crónica detallada de su pasado. Los materiales extraídos en diversas excavaciones concuerdan con ese registro histórico. No obstante, a causa

Creyentes cristianos de
nacionalidad Miao.

Una niña con una edición de la
Biblia en lengua Miao.

de los daños producidos por las guerras y los desastres
naturales hay ciertos artefactos a los que no se les puede encontrar una explicación adecuada. Por ejemplo,
la cultura sanxingdui (descubierta en la provincia de
Sicuani) era muy parecida a la de la civilización maya,
pero a falta de documentos escritos, todavía nos falta
establecer una explicación sólida sobre su existencia
y significado. Este tipo de misterios son herencia de
la humanidad. Hemos producido DVD y películas con
dicho material pero todavía no se han podido distri-
buir en América Latina. Si le interesan, puedo darle
un juego de ellos. Aunque estén en chino, usted podrá
percibir los hermosos paisajes, y tal vez apreciarlos

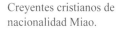

Estatua de cobre del antiguo pueblo Shu, excavada en un lugar de Sanxingdui en la provincia de Sicuani.

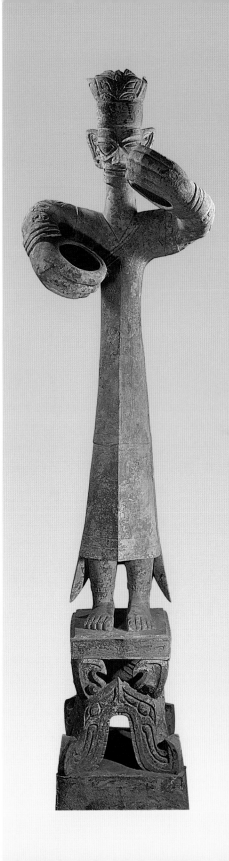

más viendo el DVD que si lo hiciera como turista.

43. Palau: Sí, por supuesto. Me encantaría.

Recientemente he leído que se han descubierto tumbas cristianas en China, que datan del año 92 d.C. Me pareció muy interesante esta información [N.d.R: en el año 635 d.C. el obispo persa Alopen, un cristiano nestoriano, estableció contacto oficial con los chinos en la ciudad capital de Chang-an, y en el siglo XIII Genghis Khan le solicitó al Papa el envío de cien profesores cristianos a China para que enseñaran acerca del cristianismo; pero unos diez años después, el nuevo Papa había enviado únicamente a dos representantes].

En América Latina hay tanto interés sobre China que estoy seguro que cuando estos DVD sean traducidos al castellano resultarán muy beneficiosos.

Guerreros de Terracota excavados en Xi'am, provincia de Shaanxi.

Zhao: Perfecto. Le entregaré un juego de los DVD producidos por el *Centro de Medios Intercontinental*. Por medio de ellos tendrá una idea de la historia china, su herencia, las culturas hemudú, la cultura sanxingdui y los guerreros de terracota del primer imperio de Qin. Y, si no le molesta transportarlos, aquí tiene dos volúmenes de *Las religiones en China*. Son pesados, pero espero que sea la voluntad de Dios que esto no lo haga sufrir, sino que lo haga feliz.

44. Palau: Gracias, con seguridad los leeré.

Tengo una sugerencia. ¿Por qué no publicamos nuestro diálogo en forma de libro?

Zhao: ¡Muy buena idea! Deberíamos poner algunas notas al pie de página, donde usted indicará las citas bíblicas y yo las de los *Analectas* de Confucio y las de Mencio.

45. Palau: ¡Excelente! Podríamos titularlo «Comunicación cara a cara entre un argentino y un chino». Comunicación que, dicho sea de paso, es muy profunda.

Zhao: Podríamos llamarlo: «Diálogo entre un ateo y un teísta» [N.d.R: por sugerencia posterior del Dr. Palau, el título final del libro es: «Diálogo amistoso entre un ateo chino y un cristiano argentino»].

46. Palau: Me gusta ese título. Hemos tenido una conversación muy buena el día de hoy.

Debo decirle que cuando yo era pequeño soñaba con visitar la China. Mi madre me contaba historias sobre vuestro gran país y orábamos por él. Entonces yo le decía que quería venir a la China comenzando desde Shangai, porque una de las historias que ella me contaba era la de un médico inglés llamado Hudson Taylor. Él amaba vuestra nación, y construyó hospitales y escuelas durante el siglo XIX, iniciando su labor desde Shangai. Una vez, durante una visita que realicé a la ciudad de Hong Kong, me ofrecieron traerme a la China vía Guangzhow. Pero yo rehusé tal camino y dije que cuando ingresase a territorio chino lo haría a través de Shangai. En el año 2000 finalmente vine a Shangai. ¡Mi sueño se hizo realidad!

Zhao: Usted está en lo cierto. Shangai es la llave a la China moderna. [N.d.R: El Ministro Zhao habló en inglés aquí, refiriéndose al título de un libro con este nombre escrito por el Prof. Rhoads Murphy, de la Universidad de Maryland, publicado en 1953.]

47. Palau: Gracias por su generosidad y el tiempo que me ha brindado para entablar este diálogo. Sé cuán ocupado está. ¿Nos mantendremos en contacto?

Zhao: Seguro. Acordemos ahora mismo nuestro próximo encuentro.

5

SOBRE LA CULTURA Y FILOSOFÍA DE CHINA Y DE OCCIDENTE

Shangai de noche.

16 de noviembre del 2005,
Hotel Internacional Real del Este de Asia, Shangai.

Zhao y Palau firmando la carta de acuerdo de las conversaciones en Shangai el 17 de noviembre del 2005.

48. Palau: Es un placer estar nuevamente en su ciudad. Estoy muy entusiasmado con nuestro encuentro de hoy, ya que nuestra última conversación fue muy emocionante. Siempre he sentido un gran respeto por las personas que se denominan ateas, porque al menos demuestran que están pensando en temas espirituales y si existe o no un Dios. Muchas personas religiosas lo son simplemente porque sus padres y abuelos lo fueron, y ellos continúan con la costumbre. Pero los ateos están pensando y desafiando el estado de las cosas y eso hace interesante el debate con un ateo. Hay algo en común entre un ateo y un cristiano, y es que pensamos muy en serio. Así que estoy muy entusiasmado por continuar con nuestro diálogo.

Zhao: Yo también estoy muy contento. Conocer a un líder cristiano con ideas tan profundas como usted es un honor.

En este momento hay cerca de dos mil millones de cristianos en el mundo y más de mil millones de creyentes no religiosos. A principios de los años '60, muchos comenzaron a abogar por un diálogo entre los diferentes grupos religiosos. Esto es muy importante, pero no debemos desatender el diálogo entre las personas religiosas y las no religiosas. Incrementar la mutua comprensión entre teístas y ateos conducirá a la armonía del mundo.

49. Palau: Estoy absolutamente de acuerdo. Cuando nos reunimos en mayo de este año [N.d.R: año 2005] usted mencionó un tema muy interesante que no pudimos desarrollar, y su opinión al respecto me produjo cierta curiosidad. Sé que muchos en China piensan de la misma manera y siempre quise escuchar la opinión de alguien que piensa como usted.

Creo que en esa oportunidad usted preguntó: «¿Por qué hay demonios o espíritus malvados en el mundo si Dios es bueno?» Me gustaría escuchar su respuesta en relación a esta realidad, que hay miles que temen ser maldecidos por espíritus malvados, ¿cierto? ¿Qué significado tiene todo eso?

Zhao: Al igual que muchas personas de otros países, los chinos tienen sus temores y preocupaciones. Le te-

Zhao Qizheng en la ceremonia de apertura de «Un viaje de la cultura china a los Estados Unidos», el 5 de septiembre del 2000.

men a los desastres naturales como los terremotos, tsunamis, la gripe aviar, etc. También le temen a los accidentes automovilísticos y otros tipos de situaciones críticas. A esto hay que agregarle los llamados desastres cometidos por el hombre, como por ejemplo los robos y homicidios, y aun peor que estos, la guerra. Durante el episodio del 11 de septiembre de 2001 unas 3.000 personas murieron en los Estados Unidos. China perdió 35 millones de personas durante los 14 años que duró la Guerra de Resistencia contra la invasión japonesa (1931-1945). Muchas familias sufrieron pérdidas durante esa guerra. Algunos fueron aniquilados y como resultado todavía tenemos recuerdos vívidos de esas guerras terribles. Así que podríamos decir que todo chino está muy atento a los peligros de guerra en el mundo actual.

Cuando observamos nuestra historia contemporánea vemos que el pueblo chino ha sido víctima de la guerra. Nunca hemos declarado la guerra contra otros países, pero hemos sido invadidos en muchas ocasiones. Creemos que los que declaran las guerras son demonios, criminales de los peores. En China tenemos un dicho: «Ten en claro a quién amar y a quién odiar». Eso significa que debemos amar a las personas y odiar a los demonios, en particular a los que provocan las guerras.

Por lo tanto, a los chinos nos resulta difícil comprender por qué debemos amar a nuestros enemigos, como indica la Biblia: «amen a sus enemigos». Si nuestros enemigos son tomados prisioneros, los trataremos de manera humanitaria, pero no podemos decir que debemos amarlos. Tampoco podemos entender por qué cuando el enemigo te pega en la mejilla derecha hay que ofrecerle la izquierda también. Es extremadamente difícil imaginar que los neoyorquinos, por ejemplo, deban amar a los terroristas que los atacaron durante el 11 de septiembre de 2001.

50. Palau: ¿Desea que le responda? Tengo una reflexión. Creo que cuando Jesús dice que debemos amar a nuestros enemigos se refiere a nuestra actitud personal hacia el enemigo.

Y cuando usted habla de odiar al enemigo cuando este lo ataca, es una respuesta oficial a la maldad. Como ser humano que ha cometido actos de maldad (aunque no haya iniciado ninguna guerra) puedo simpatizar con

Zhao Qizheng acompañado de Warren Christopher, Secretario de Estado de los Estados Unidos, y James Sasser, Embajador de Estados Unidos en China, en la orilla oeste del río Huangpu en Shangai, observando el desarrollo de Pudong el 21 de noviembre de 1996.

las personas que han hecho maldad, perdonarlos y orar por ellos personalmente.

Ahora, si yo fuese el Jefe de Policía de Shangai, o el General de la Armada China, o el Presidente o el Primer Ministro de China, entonces tengo la responsabilidad oficial de defender a mi nación de lo que sea perjudicial para ella. Así que podemos sostener ambos criterios y ambos son correctos. Si tengo madurez espiritual, puedo decir: «Dios, ten piedad de esta persona malvada» y tomar la decisión de perdonarla. Pero, como tengo la autoridad y la responsabilidad delegada para defender a mi país, debo decir: «Tengo el deber de defender a mi gente, que me ha colocado en esta posición también para ello». Así es como yo entiendo la expresión «ama a tu enemigo», en el Evangelio de Jesús.

Zhao: Eso significa que Dios puede perdonar a los malvados, pero yo no lo haría necesariamente sino en casos justificados, ¿es así?

51. Palau: Hace falta mucha madurez espiritual para perdonar a alguien que ha hecho cosas realmente malas en nuestra contra.

Zhao: Siguiendo su lógica, ¿puedo decir que si uno es un cristiano comprometido y a la vez es el Jefe de Policía, entonces se encontraría en un dilema por su «doble responsabilidad»?

52. Palau: Así es. Viví una experiencia relacionada a ello en Londres, Inglaterra. Teníamos un estadio repleto de gente, y en medio del programa un grupo de defensores de los derechos de los animales irrumpió en el evento corriendo a través del campo de juego del estadio; algunos estaban desnudos. Y el sitio estaba lleno de familias, muchas de ellas con niños pequeños. El Jefe de la Policía local estaba detrás de mí. Reconoció inmediatamente al líder del grupo que interrumpía el evento y gritó: «Ese es Billy. ¡Lo voy a capturar!» Así que se bajó de la plataforma y corrió tras Billy; entonces lo agarró y lo sacó del estadio.

Veteranos de los Tigres Voladores en una visita a Yunnan.

Llegaron otros oficiales e hicieron lo mismo con el resto del grupo. El Jefe de Policía se hizo cargo del problema por la fuerza.

Después se sentía culpable por haber actuado de esa manera, por lo que habló con Billy y le dijo: «Billy, vuelve al estadio mañana por la noche, me sentaré contigo y te llevaré a cenar, pero quiero que escuches primero todo el mensaje». Así que de esa manera, cumplió con ambas cosas, ¿no le parece?

Zhao: Me acaba de contar una interesante experiencia personal. En China ponemos énfasis en la conciencia de cada uno. A veces nuestra conciencia nos hace sentir simpatía por ciertas personas. En ocasiones tenemos que elegir entre amar a la mayoría, a cierto número de personas o a una sola persona en particular. Aquellos con sentido de justicia deberían elegir amar a la mayoría de las personas. En China tenemos una definición estricta sobre quién es el enemigo. Aquí el enemigo se refiere a los que son hostiles hacia el país de uno y hacia su gente.

53. Palau: Creo que en cierto modo todo eso tiene que ver con la acción judicial y las actitudes personales. Judicialmente odiamos lo maligno, y quienes cometen maldades deben recibir lo merecido. Esa sería la faz judicial. Luego personalmente se puede hacer lo que usted acaba de decir. Uno puede decir: «Lo perdono, usted estaba obedeciendo órdenes, pero no dejo de juzgarlo porque lo que usted hizo ha sido aberrante».

Creo que el perdón debe ser el nivel supremo del desarrollo espiritual, porque como dice la Biblia, «Porque tanto amó Dios al mundo, que dio a su Hijo unigénito, para que todo el que cree en él no se pierda, sino que tenga vida eterna» (Juan 3:16). Así que Dios ha tenido ese dilema con nosotros los seres humanos.

Dios, como juez, ha tenido que tratar con nosotros severamente porque hemos violado sus leyes. Pero como a su vez Dios es amor y un Padre amoroso, ha encontrado una manera de perdonarnos judicialmente. ¡Tal es el misterio de la crucifixión de Jesucristo! Se trataba de Dios en persona llevando sobre sí mismo el castigo que la raza humana merecía, con el fin de perdonarnos y hacernos personas nuevas. Es un pensamiento profundo, pero de eso se trata la cruz.

Zhao: En China también les damos trato humanitario a los criminales. Por supuesto, primero se los juzga de acuerdo a las leyes, pero también demostramos amor e interés hacia ellos. En la cárcel pueden estudiar, aprender oficios, etc. En otras palabras, creemos en el poder de la educación. Aquellos que maltratan a los prisioneros son corregidos y/o castigados, dependiendo de la gravedad del maltrato.

Es de un gran espíritu sacrificar la propia vida por la de los demás. Podemos encontrar varios casos tanto en China como en América Latina. Muchos sacrificaron sus vidas para salvaguardar los intereses de su nación o por causas humanitarias. Algunos murieron en campos de batalla, otros en prisión.

Durante la Segunda Guerra Mundial, si bien la guerra no tuvo lugar en territorio norteamericano, cientos de voluntarios vinieron a China para luchar contra los agresores. Fueron muy valientes y muchos murieron en combate. Siempre debemos recordar a los que sacrificaron sus vidas en defensa de causas de justicia humanitaria.

54. Palau: ¿Recuerda que en el Evangelio de Juan, Jesús dijo: «Nadie tiene amor más grande que el dar la vida por sus amigos» (Juan 15:13)? Es muy conmovedor cuando alguien da su vida por otro.

Hace unos días, en los Estados Unidos el General Peter Pace juró su cargo como Director de la Junta del Estado Mayor. Durante el acto de toma de posesión, que fue transmitido por televisión en la cadena nacional de aquel país, contó la siguiente historia: «Yo no estaría aquí si no hubiese sido por un compañero de la marina durante la Guerra en Vietnam. Yo era teniente y tenía a mi cargo a unos veinte hombres que peleaban conmigo. Un día nos encontrábamos en una trinchera, y uno de mis hombres estaba caminando delante de mí. En ese momento una bala le pegó y él murió allí, justo frente a mí. Esa bala venía directamente hacia mí». Y aunque estamos hablando de un militar, cuyo perfil podría describirse como una persona ruda, concluyó sus palabras con lágrimas en sus ojos, diciendo: «Él murió por mí. Él murió en mi lugar». Y, en un sentido, eso es lo que hizo Dios en la cruz. Él tomó la bala que merecíamos recibir por quebrantar su ley, y nos dio perdón y vida eterna.

Zhao: En la tradición ética china ponemos mucho énfasis en el *Yi*, que en español significa justicia o integridad. Enfatizamos que a causa de la justicia debemos estar listos para «vencer montañas de puñales y nadar en mares de fuego». Tenemos nuestra propia interpretación sobre el significado de la muerte. «Morir por la gente es más pesado que el monte Thait», una famosa montaña china. Por lo tanto, nosotros los chinos sentimos un respeto muy especial por los que sacrifican sus vidas por los intereses de la mayoría.

55. Palau: Ese es el lado hermoso, el lado positivo de la naturaleza humana, ¿no es cierto?

Luis Palau con el presidente George W. Bush, la primera dama Laura Bush, el reverendo Yu Xinli y Liu Hongliang al frente de la iglesia Gangwasi en Beijing, en noviembre del 2005.

Zhao: Sostenemos que los seres humanos deben tener un sentido de la ética. Mencio dijo una vez: «Respeten a los mayores de otras familias de la misma manera que lo hacen con los mayores de su propia familia; amen a los niños de otras familias como aman a sus propios niños» (Mencio 1.7).

56. Palau: Jesús dijo algo similar a lo que acaba de mencionar: «Ama a tu prójimo como a ti mismo» (Marcos 12:31). Nuestra educación es muy similar al respecto. Usted ha mencionado que hay muchas similitudes entre las ideas éticas de Confucio y Mencio con las de la religión cristiana.

Uno de los motivos por los cuales tenemos tantas cosas en común puede ser el hecho de que todos venimos de la misma fuente u origen. El pensamiento chino es muy significativo porque cuenta con una civilización de más de cinco mil años.

Zhao: Creo que tenemos mucho en común y al mismo tiempo tenemos ideas diferentes. Justamente debido a estas diferencias, nuestro diálogo se torna más significativo. Si tuviera un diálogo con mi sombra, terminaría exhausto y perdería todo interés en ese diálogo.

57. Palau: A mí me sucedería lo mismo.

Zhao: Usted y yo hemos crecido con trasfondos completamente diferentes. Eso nos conduce a un diálogo fresco e interesante. Siempre podemos recurrir a nuevas ideas, nuevos temas de conversación en nuestras charlas, y en el proceso de nuestro diálogo podemos incrementar nuestra comprensión mutua. El diálogo es el mejor camino para superar los obstáculos culturales.

Con la invención de los grandes aeroplanos, la televisión por satélite y la popularización del uso de Internet, el mundo se ha vuelto mucho más pequeño. Los contactos y las conversaciones entre Oriente y Occidente han crecido notoriamente. Hace unos 200 años, por ejemplo, muchos chinos no tenían ni idea de la existencia del territorio que conforma América Latina.

58. Palau: Leí uno de sus libros en donde menciona este mismo punto en un discurso que dio en el *Club*

Nacional de Prensa en los Estados Unidos [*Norteamérica y los norteamericanos a través de los ojos chinos,* por Zhao Qizheng. Editorial China Intercontinental, versiones en chino y en inglés].

Zhao: A través del diálogo, Oriente y Occidente se han acercado. El entendimiento mutuo es cada vez más necesario. Es importante comprender qué tenemos en común y cuáles son nuestras diferencias, por lo que es imprescindible comprender que es razonable tener esas diferencias. Por supuesto, esta comprensión mutua no es fácil. Muchas personas no tienen la oportunidad que hoy tenemos nosotros de tener una conversación sincera e irrestricta de ideas.

Si el pueblo chino entendiera al mundo occidental únicamente por lo que ve en las películas, entonces creería que existe mucha violencia en las naciones de Occidente. Si los occidentales se basaran en nuestras películas para conocer la China, entonces creerían que en mi nación la gente todavía usa una larga trenza y que la gran mayoría practica artes marciales, cosas que están lejos de la realidad actual.

59. Palau: Durante un tiempo viví en cierto país sudamericano —no me refiero a mi país, la Argentina— cuya sociedad solía tener actitudes muy machistas. En aquella época proyectaban en los cines una película de Hollywood que trataba sobre las esposas de los médicos. Según esa película, las mujeres de los médicos norteamericanos eran mujeres sumamente solitarias y los

El Dr. Palau predicando.

Intercambio de regalos.

doctores estaban tan ocupados que las ignoraban. Siempre de acuerdo a la película, ellas estaban desesperadas por tener a un hombre a su lado. Así que en el país en el que mi esposa y yo residíamos había un dicho popular que rezaba: «¡Llévame a los Estados Unidos que me hago cargo de las esposas de los médicos!»

Zhao: Supongo que ni el director ni el guionista eran cristianos.

60. Palau: Seguro. ¡Puedo garantizarlo!

Zhao: Eso significa que esas personas sacrifican la justicia por los intereses personales.

Palau: Sí, pero principalmente por dinero, sea lo

que fuere que dé dinero, pareciera estar bien. Pero hoy en día mucha gente no distingue entre realidad y ficción. Ese es uno de los peligros: que algunas películas parecen tan reales que se las incorpora como si se estuviera hablando con un amigo.

Un día, cuando uno de mis hijos era pequeño, me preguntó: «Papá, ¿esto es verídico o es solo una película?» Eso se está confundiendo hoy: realidad con ficción.

Zhao: Pero con aquellas películas absurdas se generan muchísimas ganancias, y las películas serias cuentan con poco público. Quizás me pueda pasar una lista de las películas serias para el futuro, así solo veo las que estén en su lista.

61. Palau: La lista no será muy larga.

Zhao: Precisamente, como hay diferencias significativas entre la cultura oriental y la occidental, necesitamos fortalecer nuestro intercambio cultural. Debido a que los ancestros de los americanos provenían de Europa, sus relaciones son muy estrechas. Pero en el caso de Oriente, la historia es muy diferente. Es un territorio tan grande que tenemos muchos países con diferentes idiomas, religiones y civilizaciones.

En Asia podemos nombrar por lo menos las siguientes civilizaciones mayores: China, India, Oriente Medio y Japón. En Oriente Medio la cultura se encuentra diversificada, y hay muchos conflictos. En Asia, China e India se ha mantenido una economía bastante saludable; Japón, por supuesto, ya es un país desarrollado. Por lo tanto, los países de Occidente están prestando más atención a Asia, incluyendo sus culturas.

Muchos países occidentales ya están desarrollados económicamente y están exportando alta tecnología y capital a otros. Por lo tanto, los países de Oriente estudian y aprenden de los de Occidente más que lo que los países de Occidente estudian de Oriente. En otras palabras, el Este conoce más acerca del Oeste que viceversa.

Durante las dos últimas décadas, China ha incrementado sus contactos y conversaciones con los países de Occidente. Durante el proceso inicial, aun en los asuntos de negocios, era bastante difícil y agotador llegar a un acuerdo común debido a que ambas partes no estaban familiarizadas con las costumbres y la manera de pensar de la otra parte. Pero ahora la situación ha mejorado porque sabemos mucho más sobre la historia cultural de la otra parte. Somos más eficientes en nuestras negociaciones a un menor costo y con mejores resultados. Y esto no solo sucede en el área de los negocios, también tenemos casos similares en la faz política.

6

SOBRE RELIGIÓN Y CIENCIA

Iglesia Hongen, una iglesia católica nueva en Pudong, Shangai.

62. Palau: Y lo espiritual, porque ¿acaso lo espiritual y religioso no fundamenta nuestras actitudes de vida? Lo que creemos es muy importante porque afecta cada área de nuestra vida.

La semana siguiente a los hechos del 11 de septiembre de 2001 celebrábamos un Festival en una ciudad al sur de San Francisco (California, Estados Unidos) y todo el mundo aún se encontraba en estado de *shock* por lo acontecido en las Torres Gemelas en Nueva York. Esa noche en la playa había una familia, un padre, una madre y dos chicas adolescentes que estaban a cargo de la limpieza del lugar una vez que finalizara el Festival. De regreso al hogar, en su automóvil, un vehículo colisionó contra ellos y las dos chicas fallecieron en el acto. Fui a ver a los padres al hospital y les recordé a todos los que estaban acompañándolos que cuando un hecho dramático acontece, como el de las Torres Gemelas, o un *tsunami* como el que aconteció en Indonesia, todos nos alarmamos. Pero de hecho, todos los días silenciosamente mueren (en todo el mundo) unas 160.000 personas a causa de la vejez, las enfermedades o los accidentes.

Así que una de mis obligaciones es recordarles a las personas que debemos estar preparados para la eternidad, porque aquí en la Tierra vivimos unos setenta, ochenta o cien años, pero luego viene la eternidad. En ese momento quedarán atrás la ciencia y los conocimientos, la poesía y la política. Así que soy consciente de que mi rol es similar al que toca la trompeta de alarma, alertando a la gente acerca de la eternidad. En realidad, es mi deber, mi vocación y lo considero un gran privilegio.

Zhao: Creo que es una idea maravillosa preocuparse por la vida y buscar la eternidad. Si realmente existe la vida eterna, creo que todos la recibirían con agrado.

Pero entonces surge un nuevo problema. Debido a la creciente tasa de natalidad en este mundo y si cada vez más personas obtienen la vida eterna, ¿cómo se acomodarán todos ellos en el cielo? El budismo ofrece una solución, porque de acuerdo a los budistas existe la reencarnación, hecho que puede solucionar dicho problema. Pero la pregunta entonces sería: ¿por qué hay cada vez más y más personas en el mundo pese a la reencarnación?

63. Palau: Ni siquiera me atrevería a adivinar, de acuerdo a la postura de ellos, por qué sucede lo que usted describe…

Zhao: Le he formulado esta pregunta a un monje budista de alto rango, y tampoco pudo darme una respuesta clara al respecto. Quizás sea yo el que no alcance a comprender. Me he empezado a cuestionar si con el paso del tiempo no habría necesidad de que la Biblia y la escritura budista sean reformadas. No en términos del lenguaje sino en términos de complementar el contenido. De otro modo no pueden responder a las preguntas planteadas por la ciencia con el surgimiento de los nue-

Vista de una calle en Beijing.

El Distrito Central de Comercio en Beijing.

Palau tocando la pipa, un instrumento chino .

El famoso Bund a orillas del río Huangpu en Shangai.

vos conceptos, teorías y hechos. Los teólogos necesitan ofrecer nuevas interpretaciones para las nuevas ideas y teorías, en otras palabras, para aproximarse a los desafíos presentados por el desarrollo de la ciencia. Así que me pregunto si los teólogos recibirán una nueva revelación de Dios y como resultado reformarán la Biblia y entonces llegarán a una nueva edición de la misma.

64. Palau: No lo creo, pero déjeme contarle una historia. El director de la *NASA* en Houston (Texas, Estados Unidos) [N.d.R: NASA es la agencia espacial estadounidense que envía satélites y misiones al espacio exterior] es cristiano y a su vez un científico muy serio. En cierta ocasión dijo: «Creo que la historia vendría a ser como tres montañas, una más alta que la otra, y los científicos están subiendo lentamente la primera monta-

Zhao y Palau cruzando el río Huangpu el 17 de noviembre del 2005.

ña y no encuentran la respuesta, luego trepan la segunda montaña, llegan a la cima y siguen sin hallar una respuesta. Luego los científicos suben a la tercera montaña y quedan tremendamente sorprendidos porque allí encuentran ya sentados a todos los teólogos, riéndose de ellos».

Zhao: Creo que no son solo tres montañas. Son innumerables montañas. En la cima de cada montaña que uno escala encontrará algo de verdad relativa; cuanto más alta la montaña, más cerca está uno de la verdad absoluta. Pero ninguna persona puede escalar tantas montañas en el transcurso de su vida. Tal vez una o dos. Así que la misión de generación en generación es continuar escalando las montañas sin detenerse.

65. Palau: Así es, y en cuanto a lo relacionado con la ciencia, la tecnología y el conocimiento humano, continúan expandiéndose. Los seres humanos seguimos buscando, estudiando e investigando a fin de saber más. Y es correcto hacerlo. Pero más tarde, cuando llegamos a la verdad final, decimos: «¡Ah, era Dios!»

Zhao: Desde la perspectiva teológica resulta bastante simple responder a la pregunta de la verdad absoluta. La respuesta es muy simple: Es Dios.

Palau: Así es.

Zhao: El corazón de la teología es la existencia de Dios y la base de la teología es la Biblia. Yo dudo que la raza humana pueda encontrar la verdad absoluta. Solo podemos trabajar firmemente en su búsqueda.

Los científicos y los teólogos tienen diferentes definiciones de la verdad. Es un tema complicado aun entre ateos y teístas. Muchos tienen diferentes definiciones acerca de la verdad, tantas como existen distintas definiciones de religión entre los teólogos.

66. Palau: En efecto. Existe la verdad material, la verdad matemática y la verdad filosófica. Pero por encima de todas ellas está Dios. Esto no reprime la investigación científica. Creer en Dios más bien ayuda a un científico a disfrutar aun más su investigación. Diciéndolo de forma simple: la Biblia no le dice al científico: «Cree en Dios, cierra la boca y apaga el cerebro». En realidad le dice: «Cree en Dios, el Creador, y disfruta de la búsqueda de las diferentes verdades de la creación».

Zhao: En nuestra opinión, además de las ciencias como las matemáticas, la física y química, nuestra misión filosófica es explorar la verdad absoluta. Hegel, el famoso filósofo alemán, dijo en una ocasión: «La filosofía es como el búho de Minerva que asomaba únicamente al anochecer». Creo que se refería primeramente a que la filosofía es la reflexión sobre cosas que ya han acontecido respecto al universo, la Tierra, la humanidad y el individuo y sobre estas bases, sacar la verdad.

Segundo, quería decir que el búho puede volar alto y ver a la distancia. Aun puede ver en la oscuridad. Los filósofos deberían tener esas habilidades. Creo que el significado de la filosofía yace en reflexionar sobre el pasado, y de allí extraer conclusiones sobre las acciones del futuro.

A principios del siglo pasado, la traducción china de la palabra «filosofía» era *zhi xue*, que significa en forma literal «la ciencia de la sabiduría». Esto quiere decir que las personas deberían trascender el conocimiento existente con el fin de alcanzar un mayor nivel de pensamiento y lógica.

67. Palau: Es interesante. La palabra «filosofía» proviene de dos vocablos griegos: *philo*, que es «amor» y *sophia*, que significa «sabiduría». Por lo tanto, el significado original de la palabra de origen griego «filosofía» es la combinación de amor y sabiduría.

Iglesia Hongen.

Zhao: Podemos definirla como «amor a la sabiduría» o también «amor a la verdad».

68. Palau: Sí, «busca la verdad y disfruta la vida», ¿qué le parece?

Zhao: La verdad es también una especie de belleza. La gente puede disfrutar la belleza de buscar y encontrar la verdad. Hay muchos tipos de belleza, la belleza de la naturaleza, de la pintura, de la música, la arquitectura y más. Un filósofo encontrará belleza en la filosofía, y al reflexionar recibe nuevas ideas. Dicha belleza es de una clase muy sofisticada. Por ejemplo, existe la famosa ecuación de que $E=MC^2$, formulada por Albert Einstein. Einstein la consideró una ecuación brillante no solo porque en términos muy simples demostraba la relación entre materia y energía, sino porque además contenía significado filosófico.

69. Palau: He leído al respecto y no tengo ni idea de qué está hablando. Supera mis conocimientos.

Zhao: Bueno, para decirlo de forma simple: antes de Einstein, los físicos creían que la energía y la materia eran dos cosas separadas. Pero Einstein demostró que ambas eran transferibles.

70. Palau: ¿Cómo es que la materia no explota? ¿Qué impide su explosión cuando hay energía fluyendo permanentemente?

Zhao: Ciertas materias necesitan ciertas condiciones externas previas antes de transformarse en energía y explotar.

71. Palau: ¿O sea que cuando colisionan el oxígeno y los átomos en una bomba atómica es cuando se produce la explosión?

Zhao: Existen dos tipos de reacciones nucleares. Uno llamado de fusión y otro de efusión. Me acabo de dar cuenta de que usted está altamente capacitado para comprender la física.

72. Palau: Cuando ustedes, los científicos, lleguen a la cima de la montaña, ¡nosotros los teólogos estaremos sentados allí, riéndonos!

Zhao: Pero los científicos hemos enviado varias máquinas a Marte, y eso es algo más alto que montaña alguna…

73. Palau: No, no. Nosotros estamos en el cielo, ¡mucho más arriba que Marte!

Zhao: Creo, de hecho, que tanto los científicos como los teólogos tienen su propia montaña. Ambos deberían coexistir en amistad y saludarse desde sus respectivas montañas. Las distancias entre ellos deberían ir acortándose cada vez más, en lugar de acrecentarse más y más. Y esto requiere del uso del diálogo.

La nave espacial Shenzhou aterrizó exitosamente el 12 de octubre del 2005.

El espectrómetro de Beijing es una instalación muy importante para detectar diversas partículas producidas por la BECP (Colisiones de electrones y positrones de Beijing).

La presa de las Tres Gargantas abre sus compuertas para descargar el agua contenida por primera vez desde su construcción, el 18 de julio del 2006.

La recién construida línea férrea Quinghai-Tibet conocida como «Camino al cielo».

113

Interpretación del arte budista y marcial de China en San Francisco

El certamen de Miss Mundo celebrado en Sanya, provincia de Hainan.

Festival internacional del cometa Weifang en Shangdong.

74. Palau: Sí. Tiene usted razón.

Zhao: Ambos hemos intentado dejar en claro nuestros puntos de vista. Nuestro diálogo ha incrementado nuestra comprensión mutua, y ese es nuestro logro común.

75. Palau: Me ha hecho pensar en algo que no había pensado antes. Usted es arquitecto, científico, filósofo y pronto será teólogo. ¡Sí, usted! Pienso que los teólogos enfocan las cosas de arriba hacia abajo. Los científicos comienzan desde abajo hacia arriba, y estamos acercándonos a un punto intermedio.

Zhao: Hay filósofos que no creen en Dios, y su campo es estudiar la filosofía de la religión. ¿Existen teólogos que no creen en Dios, pero estudian la teología o ciertas filosofías religiosas?

76. Palau: Por lo visto a usted le gustan las definiciones. «Teólogo» significa «*teo*» «*logos*», es decir, «conocimiento de Dios». Es otra palabra griega compuesta. *Teo* se traduce por Dios y *logos*, por conocimiento. Por lo tanto, un teólogo es alguien que conoce a Dios. Un teólogo que no cree en Dios no es teólogo en el sentido estricto de la palabra. ¿Cómo se puede conocer a Dios y no creer en él?

Zhao: Lo que quiero decir es que podemos considerar la religión y la teología desde una perspectiva filosófica. De hecho, los ateos han estado utilizando muchos términos religiosos pero con diferentes implicaciones. Existen diferencias abismales entre la lengua china, el griego y el castellano. Es mucho más sencillo traducir del griego al castellano y mantener los lineamientos fonéticos del original. Esto no sucede si se está traduciendo al chino, ya que se pierden todos los rastros de la fonética original. Esta es una característica original de la lengua china. Incluso en nuestro diálogo de hoy tenemos problemas de lenguaje. La traducción de las ideas filosóficas chinas al castellano es sumamente difícil. Diferentes traductores, traduciendo el mismo libro, pueden terminar con dos versiones en castellano tan diferentes que parecerían dos libros diferentes.

77. Palau: Pero China tiene teólogos brillantes. Conozco a algunos de ellos, y comprenden realmente la mentalidad tanto del Oriente, de Occidente como la de Oriente Medio. Y lo maravilloso de la Biblia es que cuadra con todas las culturas. La Biblia se adapta al modo de pensar mecánico y matemático del Occidente, pero también se adapta al modo de pensar filosófico y más religioso del Oriente.

A estos teólogos chinos los he conocido durante los años de estudio en Occidente, pero también durante mis viajes a Singapur, Hong Kong y aquí en China. No hemos profundizado mucho, pero son muy brillantes, muy talentosos. Creo que el próximo siglo es el siglo de China. No solamente en términos de buenos negocios, de ciencia y de tecnología china, sino también en cuanto al estudio de teología y de la Biblia.

Deng Xiaoping en una inspección a la BEPC (Colisiones de electrones y positrones de Beijing) (1988).

La BEPC es una gran instalación para la investigación de la alta energía física y el uso de la radiación del sincrotrón. Se han obtenido muchos logros en la BEPC desde 1988. La fotografía muestra un túnel de la BEPC.

Zhao: Para la China el cristianismo es algo que se ha importado del extranjero. No es un «producto» local. El budismo también ha sido importado del exterior, pero hace mucho se contextualizó y es más compatible con la cultura china.

78. Palau: Debo decirle algo. En realidad, el cristianismo fue importado desde el cielo por todas las naciones. Cuando Jesús nació de la virgen María, Cristo introdujo el cristianismo, y es una religión importante para todas las culturas, no solamente para la China.

Zhao: Las principales religiones afirman que su Dios es el único Dios. Yo no puedo discriminar a ninguna, así que me tengo que quedar con dos opciones. La primera: creo que todas sus afirmaciones son correctas, en cuyo caso existen muchos dioses. La segunda opción: todas las afirmaciones son infundadas; no existe ningún dios en absoluto. Ninguna religión estaría de acuerdo conmigo en este punto tampoco.

79. Palau: Es muy fácil responder a eso. ¿Dios no existe? Entonces olvídelo. O puede tomarlo en serio y decir: «Voy a encontrar a Dios, aunque sea lo último que haga». Usted es un científico; debe investigar, investigar, investigar.

Zhao: Investigar requiere únicamente de un buen cerebro, pero es muy difícil disponer de un laboratorio especial para probar la existencia de Dios y cuál es el verdadero Dios. Aún no hemos encontrado las instalaciones y los métodos requeridos para semejante laboratorio.

80. Palau: ¡Usted es el laboratorio! Jesús dice: «Ministro Zhao, si usted me abre su corazón yo entraré en su vida, perdonaré sus pecados y sus errores y le daré paz a su conciencia. Yo enviaré mi Espíritu a su vida. Le daré la seguridad de la vida eterna. Responderé sus oraciones. Guiaré su camino. Lo bendeciré en todos sus pasos. Lo libraré de todos los vicios que pueda tener, aun en lo secreto». Así que allí tiene su laboratorio, Dr. Zhao.

Zhao: Si yo tengo un laboratorio para probar la existencia de Dios, allí le diría a Jesús: «Si realmente existes, por favor te pido que te reveles. Dame una señal que me indique tu existencia». Pero él no me responderá.

Los físicos encuentran sus respuestas en los laboratorios, y los teólogos en las iglesias. Hay enormes diferencias entre los laboratorios y las iglesias. Me pregunto si los resultados variarían si yo instalara mi equipo en una iglesia.

81. Palau: Esto se pone cada vez más interesante. Creo que mañana podremos continuar con nuestro diálogo sobre la relación entre la ciencia y la religión, comenzando por la iglesia y el laboratorio. Creo que nuestro diálogo es extremadamente interesante, significativo e importante.

Una vista de Pudong.

17 de noviembre del 2005,
Hotel Internacional Real del Este de Asia, Shangai.

Científicos norteamericanos intercambian opiniones con su contraparte china en el imán de la BEPC.

Zhao: No hemos perdido el tiempo. El tiempo es oro. Ya hemos roto la barrera entre los ateos y los teístas. Generalmente existe una membrana transparente, tal vez de *PVC* entre los ateos y los teístas. Debido a esa membrana transparente una persona puede ver la imagen de la otra, pero no puede sentir su temperatura. Se dice que cuando una persona se emociona, la temperatura de su cuerpo sube 0.5 C°.

82. Palau: Sr. Zhao, aquí le he traído un libro. Se llama *El Creador y el cosmos*. El autor es doctor en astronomía y miembro del cuerpo docente del Instituto de Tecnología de California que investiga quásares y galaxias. No lo he escrito yo. Me hubiese gustado escribirlo, pero no estoy capacitado para ello. Trata algunas de las cuestiones científicas y teológicas que hemos discutido hoy.

Zhao: Muchas gracias. Yo también le he preparado varios libros. Se los daré mañana. Creo que uno de ellos, sin duda, es aceptable tanto para ateos como para cristianos. Trata sobre los lugares de China considerados patrimonio mundial por las Naciones Unidas.

83. Palau: Cuando ayer visité el templo taoísta le pregunté al sacerdote sobre la vida eterna. Tal vez hoy debería hacerle la misma pregunta a usted.

Zhao: De acuerdo. Nuestro diálogo es como navegar por un río. A veces un río sigue un curso lineal y calmo, otras veces tiene curvas y meandros; pero en todo el trayecto hay hermosos paisajes en ambas orillas.

84. Palau: Sí, como el río Huangpu, que pasa por Puddong. [N.d.R: se refiere al paseo que ambos realizaron por el río Huangpu, en Shangai, el día anterior a este diálogo.]

Zhao: Tal vez podríamos hacer una comparación entre el río Huangpu y el Mississippi. Ambos ríos son muy hermosos y ninguno tiene celos del otro.

85. Palau: ¿Continuamos con nuestro tema sobre ciencia y tecnología?

Zhao: Sí, prosigamos. Los teólogos piensan dentro de las iglesias, y allí hacen uso total de su imaginación. Los científicos, por otro lado, piensan dentro de sus laboratorios, donde además de utilizar su imaginación deben realizar experimentos. Para los científicos, los experimentos y las pruebas son esenciales. Han de ser llevados a cabo ya sea en laboratorios o en la naturaleza.

Incluso en la antigüedad la gente tenía diferentes puntos de vista acerca del origen del conocimiento. Por ejemplo, según Platón, el conocimiento proviene del pensamiento, de la deducción. No obstante, su alumno Aristóteles creía que el conocimiento era el resultado de una combinación del pensamiento y la realidad. Por lo tanto, el origen del conocimiento ha sido un tema para la raza humana desde tiempos remotos. Yo me pregunto cómo desarrollan su imaginación y utilizan su cerebro los teólogos. Me gustaría obtener sus perspectivas. Tal vez usted pueda responder a mi pregunta.

86. Palau: Ningún problema. La fe en Dios incentiva la investigación científica. No la suprime. El verdadero conocimiento de la voluntad y de la mente de Dios estimula la investigación sociológica y científica. La incentiva, no la suprime.

En la Edad Media, cuando la Biblia fue dejada de lado, se dio paso a la oscuridad en todo lo relativo a la razón y el mundo espiritual; de ahí que se llamó la «Edad Oscura». Entonces se tenía temor a la investigación científica. Luego, cuando surgió la Reforma en Europa —y la invención de la imprenta en particular— se cambió el curso de la historia de los últimos seiscientos años. Algunos de los científicos más brillantes que usted mencionó ayer, como Newton, entre otros, creían fervientemente en Jesucristo y en Dios. El descubridor de la penicilina —un escocés de apellido Fleming— era un cristiano muy comprometido que realizó su investigación basado en su convicción de que Dios quería sanar a la gente.

¿Recuerda al científico alemán Von Braun, el que desarrolló el moderno cohete de expansión múltiple? Se convirtió en un creyente verdadero, lo cual demuestra que creer en Dios y conocerlo no inhibe de ninguna manera —y creo que esto debe ser enfatizado— el desarrollo intelectual y los descubrimientos científicos. Por el contrario: los incentiva.

Por lo tanto, los verdaderos cristianos no nos escondemos dentro de las cuatro paredes de una iglesia. Entre nosotros hay científicos, profesores, investigadores que se involucran en cada aspecto de la vida, economía y política. Son personas que creen en Dios y que se hallan en todas las áreas de la vida.

Zhao: En la historia de las Ciencias Naturales ha quedado registrado que durante los siglos XVII y XVIII muchos científicos, como por ejemplo Galileo, Copérnico y Server (el científico español que descubrió el sistema de circulación sanguínea), fueron torturados por la Inquisición. Muchas investigaciones científicas se toparon con una fuerte oposición por parte de la iglesia, actitud con la que demostró que la religión presentaba un obstáculo para la ciencia. Más tarde descubrí que algunos de los científicos más importantes, como Copérnico, Galileo, Newton, Kepler y Einstein, eran cristianos. Esto es algo en lo que merece la pena detenerse a reflexionar.

Debo decir que en los últimos cien años la iglesia y/o las religiones de Occidente han cambiado enormemente su actitud hacia las ciencias. Me pregunto cómo sucedió y cuáles fueron los motivos.

87. Palau: Efectivamente, Galileo fue perseguido. Como ya dije antes, la gente de la iglesia tradicional de los siglos XVII y XVIII no leía ni estudiaba la Biblia, con lo que comenzó a inventar sus propias opiniones acerca de la relación entre la ciencia y Dios. Por eso se la llamó la «Edad Oscura». Era oscura por la falta de conocimiento bíblico, y muchos de los líderes religiosos de Europa vivían en total oposición a las leyes de Dios. Cuando la moral está en baja, el intelecto se oscurece.

Si creemos que Dios ha creado la Tierra, el sistema solar y todos los sistemas que hay más allá, obviamente que estudiarlos se torna algo lógico. Creo que muchos líderes poco instruidos se opusieron a las ciencias porque de alguna manera temían que la ciencia derribara la fe; pero esto nunca ha sucedido. Algunos dicen: «Con los descubrimientos de la ciencia, ¿quién necesita a Dios?» Pero de hecho, los descubrimientos científicos tienen que ver con el estado actual de las cosas, con la Tierra y las cosas materiales, y eso es tremendamente valioso. Piense en todos los avances científicos, cosas verdaderamente fantásticas. Hoy en día vivimos más años gracias a los avances de la ciencia médica; hemos llegado a la Luna, y aunque por ahora no vemos los resultados, en cualquier momento entenderemos por qué fue valioso haber ido a la Luna.

Recuerdo que el primer astronauta ruso dijo: «Yo no he visto a Dios por ninguna parte». Es una declaración patética. Uno no ve a Dios en el espacio, porque el cielo se encuentra un poco más arriba que el espacio de alrededor de la Tierra; sin embargo muchos lo aplaudieron. «Efectivamente, no vio a Dios», dijeron. Tal cosa es practicar una ciencia infantil, pues conocer a Dios es una experiencia espiritual, y es algo tan real como un descubrimiento científico que puede constatarse en un laboratorio. Así que fue un gran error cuando quisieron que la ciencia y la fe en Jesucristo estuvieran en conflicto. Usted sabe que nosotros somos amigos. Los amigos no están en conflicto. Una persona puede conocer a Dios personalmente y mantener su credibilidad científica válida en un cien por ciento.

Zhao: Creo que la existencia física viene primero y luego las diversas actividades de la mente humana. En otras palabras, la materia es primaria, y las ideas secundarias; mientras que para usted es al revés, primero viene el pensamiento y luego todo lo demás. Los físicos estudian la materia, incluyendo su estructura material, su movimiento y la interrelación entre diferentes tipos de materia.

Por ejemplo, el movimiento de la Tierra y el movimiento de los átomos, la reacción causada por un neutrón que colisiona con un núcleo de uranio, ¿qué podría provocar?

Todo esto es perfectamente visible con los instrumentos. Pero las cosas espirituales no se pueden medir con algún tipo de instrumento. Las personas se quedan perplejas. No saben cómo es realmente un ser espiritual. Yo creo que este sería el punto más difícil de reconciliar entre un físico ateo y un teólogo. Como observó Francis Bacon, todo conocimiento debería ser probado mediante experimentos.

88. Palau: Ahora creo que usted debería distinguir entre la ciencia y su compromiso con el ateísmo, porque está efectuando un gran salto entre decir: «Soy un científico» y «Dios no existe», ya que usted no puede probar que Dios no existe. Usted ha tomado una decisión en su mente: la creación humana existe, y yo voy a estudiarla, pero Dios no existe. Por lo tanto, usted deberá tener una mente abierta a la existencia de Dios. En cuanto a la ciencia, usted es un experto y puede probar los temas científicos. Pero los científicos no creían en los neutrones hace cien años atrás. La ciencia ha progresado. Uno de estos días un científico dirá: «Puedo probar que Dios existe», y el Dr. Zhao diría: «¡Aleluya!»

Zhao: Quizás estemos necesitando a un gran hombre, uno aun más grandioso que Albert Einstein, ya que Dios dijo una vez: «Hágase la luz, y hubo luz». Si Dios

El famoso templo taoísta Qinciyangdian en Pudong, Shangai.

Zhao acompañando a Palau durante su visita al
templo taoísta el 16 de noviembre del 2005.

dice ahora: «Que haya un científico mejor que Albert Einstein», ¿habrá un científico mayor?

89. Palau: Yo tengo el nombre de un científico mayor que Einstein: Jesucristo.

Zhao: Ayer me dio un libro titulado *El Creador y el cosmos*. Creo que tal vez la visión del autor se superpone con la suya...

90. Palau: Usted tiene mucha fe Dr. Zhao. De alguna manera usted tiene más fe que yo, porque cree que la materia surgió de la nada, y que todo lo complejo del mundo y del cosmos fue creado por casualidad, un gran Big Bang. Una de las pruebas por las que debe existir Dios es la complejidad del cosmos. He aquí una pregunta: Cuando usted piensa en el nacimiento de un bebé, que sale en absoluta perfección del vientre de la madre, cuando usted piensa en un polluelo que está dentro de un huevo, ¡qué cosa tan extraña! ¿Todo eso sucedió por casualidad? ¿Quién le enseñó a la gallina que debía sentarse a empollar? Y luego pick, pick, pick: aparece un polluelo. ¿Ocurre esto por casualidad? ¿Y el canal de televisión, qué puede decirnos esta noche: «mañana por la mañana el sol saldrá a las 06:17 hs., el sábado amanecerá a las 06:18 hs.»? Hay perfección en el cosmos. No puede ser el resultado de un Big Bang, sin un Dios detrás de todo ello. Creer que el cosmos fue creado por casualidad en una gran explosión, sin la participación de Dios, es como creer que el diccionario de la Real Academia Española fue el resultado de una explosión

Un tren de levitación magnética que va desde el centro de la ciudad hasta el Aeropuerto Internacional de Pudong en Shangai.

producida en una imprenta. El diccionario no fue el resultado de una explosión en una imprenta; alguna mente debió armarlo, así que usted tiene más fe que yo.

Zhao: He de reconocer que no puedo responder todas las preguntas que yo mismo hago. Aun hoy, la humanidad no logra responder a todas las preguntas que han surgido desde los tiempos remotos. Esto es así porque la mente humana es limitada. Las células contenidas en el cerebro humano también son limitadas, aun cuando hay 100 millones de ellas. El cerebro humano es como una sofisticada computadora, pero su poder no es infinito. Por ejemplo, mi cerebro es como una computadora equipada con un CPU que tiene un procesador de 486 y hay muchísimas preguntas que ella no puede responder; por lo tanto, necesito tener una computadora con un procesador de mayor capacidad. Una computadora no puede dar a luz a una más pequeña, pero los seres humanos sí pueden dar a luz niños. Yo creo que cada generación futura será más inteligente que la anterior, y sus mentes estarán cada vez más desarrolladas. Así que tenemos grandes esperanzas en el desarrollo de la ciencia. Creemos que la ciencia es la fuerza principal para el progreso social y la fuerza productiva más importante. El desarrollo de la ciencia nos ha acercado más a la verdad.

Ahora me gustaría plantear una cuestión sobre la cual estoy seguro que usted tendrá un punto de vista singular. El 8 de noviembre de 2005, el Comité Educativo Estatal de Kansas, en los Estados Unidos, aprobó una resolución por la cual los maestros debían introducir la teoría del diseño inteligente en sus cursos de ciencias. La prensa china enseguida publicó la noticia, incluso algunos periódicos dedicaron algunas páginas sobre los pros y los contras, ilustrando dicha información con la opinión del público estadounidense. Cuando estudiaba en la universidad tomé una clase sobre la teoría de la evolución de Darwin. Darwin coleccionó todo tipo de fósiles de todo el mundo y los ordenó de manera tal que pudiera ilustrar la evolución de las especies. Para simplificarlo, según Charles Darwin, todas las especies compiten entre sí y experimentan una selección natural. De aquí surge en consecuencia el principio de la ley del más fuerte y la continua adaptación y cambios.

Recientemente treinta y siete ganadores de Premios Nóbel hicieron pública una declaración expresando su oposición a la introducción del diseño inteligente en las escuelas. Algunos de ellos expresaron que a pesar de que hay algunas fallas en la teoría de Darwin, ya que hay evidencia material faltante en su eslabón de evolución, su punto de vista acerca de la competencia entre las especies y la selección natural aún se sostiene. Estoy seguro de que entre estos premios Nóbel hay cristianos, así que parecería ser que hay diferencias entre ellos también.

91. Palau: Quiero enviarle un libro titulado *La caja negra de Darwin*. Es muy interesante, porque esos eslabones faltantes que usted menciona se encuentran en

Una vista de una calle en Beijing.

el área de la biología, ¿correcto? Y los estudios más recientes indican que esos eslabones nunca aparecerán. Por lo tanto, a veces los científicos en algún punto están tan llenos de prejuicios como las personas religiosas ignorantes. Están afanosos por demostrar que Dios no existe. Realmente no hay necesidad de temer que exista un Creador, porque si existe, todos los descubrimientos de la ciencia finalmente estarán en concordancia con él. Muchos científicos están abandonando a Darwin y dicen: «Miren, esto sucedió hace cien años y sus descubrimientos aún no pueden ser demostrados».

Ahora me gustaría hacerle una pregunta, dado que como ateo secular usted no cree en Dios, ¿cómo cree que fue establecido el mundo? ¿Cómo explica un ateo la existencia del cosmos?

Zhao: Los teólogos dicen: «Dios ha creado el cosmos». Es una respuesta muy rápida. Es también una manera de responder de una vez por todas. Yo creo que esa es solo una de las posibles respuestas que el ser humano puede ofrecer. Pero yo no puedo responderla diciendo: «Yo no lo sé, pero Dios sí lo sabe». Creo que esas preguntas que yo no puedo responder ahora sí podrán responderlas las futuras generaciones, paso a paso, en cientos o miles de años. Ahora quisiera hacerle una pregunta que quizás no me responda inmediatamente. Si existe Dios, ¿quién lo creó a él?

92. Palau: Sabía que me haría esa pregunta. No tengo idea. Cuando lleguemos al cielo lo averiguaremos, porque la Biblia dice que «entonces conoceré tal y como soy conocido» (1 Corintios 13:12). Así que si cuando muramos usted me acompaña al cielo, podremos hablarlo allí, ¿le parece?

Zhao: Si el cielo existe de verdad, me pregunto si nuestras imágenes cambiarían. ¿Podremos reconocernos unos a otros?

93. Palau: ¡Por supuesto! Si podemos reconocernos en China, nos reconoceremos en el cielo, ya que seremos más brillantes. ¡Yo lo buscaré!

Zhao: ¿No deberíamos tener un código para reconocernos mutuamente?

94. Palau: Le daré mi tarjeta.

Zhao: En caso de que nuestras imágenes hayan cambiado mucho, yo estaré diciendo «río Mississippi» y usted vaya diciendo «río Yagtze» y clic, ¡nos reconoceremos!

95. Palau: ¡Buena idea!

Zhao: Una hermosa historia nacida de nuestra imaginación común.

7

SOBRE RELIGIÓN Y ARMONÍA SOCIAL

Una vista nocturna del Palacio de Potala.

Foro Mundial de Budismo celebrado en Hang-
zhou, provincia de Zhejiang.

Zhao Qizheng saludando a un soldado egipcio
frente a la pirámide el 7 de agosto del 2005.

96. Palau: Como creyente en Jesucristo, creo que la religión está muy relacionada con la sociedad y nuestra vida diaria. Por ejemplo, Cristo tiene una presencia directa en la estabilidad social, puesto que un verdadero cristiano respeta a los que ostentan la autoridad. Cristo tiene mucho impacto en la búsqueda intelectual y la vida eterna. Cristo ofrece respuestas a preguntas como ¿quién soy?, ¿de dónde vengo?, ¿por qué estoy aquí?, ¿adónde me dirijo? y ¿cuál es el propósito de mi existencia? Cristo tiene un impacto en nuestro equilibrio psicológico, en la armonía familiar, la ética social y en la eliminación de la maldad y del crimen. A Cristo también le conciernen la sociedad y su economía. «El que no quiera trabajar, que tampoco coma» (2 Tesalo-

Los rollos del Mar Muerto.

nicenses 3:10). Este es un principio que puede impulsar a las personas a trabajar con más esfuerzo, porque Dios respeta y aprecia a las personas confiables y honestas.

Zhao: La religión, como sistema cultural de larga data, ha tenido un gran impacto en la vida política, económica y cultural de la sociedad. Esto es así no solo con respecto al cristianismo, sino que también ocurre en el budismo, el taoísmo, el catolicismo, el islamismo y en otras religiones. Las enseñanzas éticas incluidas en la religión, que instan a la persona a abandonar lo malo y a mantener la justicia, desempeñan un rol positivo al incentivar a los creyentes a llevar una vida moral. La religión, además, tiene un rol positivo, ya que provee consuelo psicológico a los que creen, pacifica sus emociones y ajusta sus sen-

Una figura de Buda en las Grutas de Mogao, Dunhuang.

Mural de las Apsaras voladoras.

timientos. Ha tenido gran influencia en la arquitectura, la pintura, la escultura, la música, la literatura y la filosofía. Los rollos del Mar Muerto, que fueron descubiertos entre 1940 y 1960, dejaron una profunda impresión en mí cuando visité Israel este mismo año, porque documentan de manera convincente la cultura religiosa del pueblo judío. Las pirámides de Egipto, la catedral de Notre Dame en París y los ubicuos templos budistas en China representan la quintaesencia del arte arquitectónico. Las Grutas de Mogao en Dunhuang, al noroeste de China, representan lo mejor de las culturas china, india, griega e islámica.

Ye Xiaowen, director de la Oficina Nacional de China para Asuntos
Religiosos, y el ex presidente de Estados Unidos Jimmy Carter en el
viaje de exposición de *Ministerio bíblico de la iglesia en China* a los
Estados Unidos en julio del 2006.

El director Ye Xiaowen se reúne con el Cardenal Edgar McCarric,
arzobispo de Washington, el 29 de julio del 2003.

Innumerables y exquisitos murales y esculturas nos han dejado una acumulación de culturas brillantes a lo largo de la historia. La religión además ha tenido una gran influencia en la música como lo testifican el *Mesías* de Haendel, la *Creación* de Haydn, el Solemne *Mesías* de Beethoven y la música budista y taoísta en China.

Creo que hay muchas similitudes entre la ética cristiana y la ética China. En la Biblia hay una regla de oro que dice: «Haz a los demás lo que quieres que te hagan a ti» (véase Mateo 7:12). En China, Confucio estableció: «No le hagas a los demás lo que no te gustaría que te hicieran a ti». El núcleo de ambas declaraciones es el mismo, pero formulado desde diferentes perspectivas.

97. Palau: Las dos caras de una misma moneda.

Zhao: Por lo tanto, sus comentarios acerca de la ética son muy fáciles de comprender. La esencia de la ética de Confucio es que las personas deben amarse unas a otras. Confucio se refería a esa como la expresión ética más elevada, que incluye cómo tratar correctamente a los soberanos, los padres, hermanos y amigos. Creo que tanto la ética de Confucio como la cristiana han tenido un rol positivo para promover armonía en la familia, la célula básica de la sociedad. Creo que un buen ejemplo de ello fue que después de lo ocurrido el 11 de septiembre de 2001 en los Estados Unidos, la sociedad estadounidense —que es mayoritariamente cristiana—

Jerusalén, ciudad santa de las tres religiones más grandes del mundo.

El Muro de los Lamentos de Jerusalén.

demostró unidad y determinación en cuanto a resistir al terrorismo.

No mucho antes de aquellos acontecimientos, Rupert Murdoch, directivo de *News Corporation*, me invitó a un banquete en el Centro Mundial de Negocios. Al poquito tiempo de regresar a China las Torres Gemelas fueron destruidas. Me conmoví profundamente.

Después del incidente regresé a aquel país, visité iglesias y vi a mucha gente llorando a sus muertos. Vi las pertenencias dejadas por muchos: sus fotos, sombreros, ropas, postales. Pude sentir el amor y el sentimiento de pérdida de toda la sociedad. Aunque era un extranjero y no cristiano, participé de los mismos sentimientos y emociones al igual que los norteamericanos y los cristianos.

Así que debo decir que la ética cristiana ha hecho una contribución muy positiva a la armonía familiar y social.

Pero la historia también ha demostrado que hay algunos efectos negativos de la religión. La religión tiene su trasfondo histórico y nacional. Los teístas y ateos racionales deberían ver no solo el lado positivo de la religión sino también las limitaciones de cada una de ellas. Algunos de sus efectos negativos se reflejan principalmente en no llegar a ejercer el mismo tipo de influencia en la sociedad que la ejercida entre la gente de sus propios grupos.

Durante el verano pasado visité Israel y Egipto. Fui al Muro de los Lamentos y vi allí a muchos judíos realizando reverencias. Pero me sentí incómodo, porque este era un lugar de conflictos políticos y religiosos. En Egipto, el gobierno egipcio envió a cuatro guardaespaldas para que me protegieran. Me seguían a todas partes y me custodiaban montados en un vehículo especial, lo que me hizo sentir aun más incómodo. Creo que la razón por la cual las religiones no pueden coexistir en armonía es porque cada una se cree superior y que su dios es el único dios.

Nadie está dispuesto a ceder, por lo tanto no puede haber reconciliación. No obstante, el budismo es una excepción. Es tolerante con las demás religiones. Creo que todas las religiones deberían ser tolerantes entre sí y respetarse unas a otras; solamente entonces podrá haber armonía entre ellas. Por lo tanto, mi apreciación es la siguiente: la religión puede tener un rol positivo en cuanto a procurar la armonía dentro de su propia religión y país pero, al proyectarlo al mundo, a veces puede influir negativamente en las relaciones entre las diferentes religiones y naciones. Me pregunto si usted está de acuerdo con mi visión.

98. Palau: Usted afirma varios puntos básicos. En síntesis, hoy hemos hablando sobre cuatro temas fundamentales: religión, maldad, guerra y una sociedad armoniosa. La religión es el esfuerzo humano por encontrar a Dios. El cristianismo no se considera a sí mismo una religión. El verdadero cristianismo es una relación, una relación personal con Dios mismo. Un verdadero cristiano presenta a Jesús como el Camino, y ofrece ese Camino a todas las personas del mundo. Pero no fuerza ni obliga a las personas a reconocerlo. Usted tiene la libertad de decir que no, y si dice no, entonces uno está por su cuenta, y aun así yo lo puedo amar y respetar. Seguiremos siendo amigos. Pero el hombre ha armado una maquinaria alrededor de Jesucristo y la Biblia. Imagínese que entre nosotros, que somos amigos, alguien comience a armar distintas conjeturas en torno a nuestra amistad. Por ejemplo, quizá algunas personas propongan lo siguiente: «Antes de reunirse con el Sr. Zhao la próxima vez que viaje a China, usted debe llevar una foto del Sr. Zhao y encender una vela delante de él o de su foto, porque es una persona muy importante en China. Debe caminar de rodillas desde la entrada hasta donde está el Sr. Zhao, y cuando llega hasta él hay que besarle la mano y luego dar tres pasos atrás». Aquí estamos, somos amigos y alguien ya ha creado una religión entre nosotros dos. Yo le diría a esa persona: «Olvídate de eso; tengo el teléfono del Sr. Zhao, voy a llamarlo directamente, olvídate de las velas, de las fotografías y

Zhao Qizheng con los integrantes de la Compañía de arte de los niños tibetanos que regresan de un viaje al extranjero.

de caminar arrodillado, porque nosotros tenemos una relación de amistad».

La religión tampoco ha provocado todas las guerras. La Primera Guerra Mundial, la Segunda Guerra Mundial y la guerra de Vietnam, no tenían nada que ver con la religión. Hitler era ateo. Él inició una guerra. La religión puede causar problemas a veces, pero ¿Jesús? No, no lo creo. Los problemas que usted vio entre Israel y las naciones vecinas no son realmente religiosos. La religión es utilizada como instrumento, pero es una guerra territorial, económica, y para causar revuelo en las personas agitan la bandera de la religión.

Por lo tanto, todo vuelve nuevamente al punto de la maldad y la avaricia. Estas personas utilizan la religión como estandarte, pero también podrían utilizar el ateísmo. Y el problema de la guerra es que somos una raza perdida, ese es el problema. La ciencia es neutra. Usted la puede utilizar para curar pacientes con cáncer o para desarrollar una bomba, lanzarla sobre Hiroshima y volarla. De hecho, la ciencia y la tecnología han provocado las guerras más peligrosas. Pero no descartamos la ciencia a causa de la bomba atómica o la de hidrógeno. Ese es un mal empleo de la ciencia.

Así que la maldad está en el corazón, y por ende definitivamente el problema no está ni en la ciencia ni en el cristianismo. Es el corazón del hombre lo que necesita ser cambiado. El corazón es malo. Tenemos inclinaciones equivocadas. Somos avaros.

Veo a millones de chinos que entregan sus corazones a Cristo. Está sucediendo en los últimos años. Cada generación necesita tener un cambio de corazón, porque una sociedad no puede ser armoniosa si su corazón es malo y estamos en constante discordia unos con otros. Por eso dice la Biblia: «Por lo tanto, si alguno está en Cristo, es una nueva creación. ¡Lo viejo ha pasado, ha llegado ya lo nuevo!» (2 Corintios 5:17). Es un experimento científico-espiritual.

Esto fue lo que me convenció acerca de Jesucristo cuando estaba en la universidad: que uno puede ver cambios para bien en las vidas de las personas cuando verdaderamente entregan el corazón y viven lo que creen acerca de Jesús. Hay un cambio. Y esto despliega armonía porque uno ama al prójimo como a sí mismo. Yo mismo he llegado a amarlo y respetarlo a usted, y el hecho de que usted dice «Soy ateo» no me molesta. Pero estoy pidiéndole a Dios que un día el Sr. Zhao le entregue su vida a Jesús, y entonces seremos hermanos. Me lo imagino como científico llevando el mensaje de paz a todo el mundo. Es uno de los efectos producidos por seguir a Jesús. Por eso hay un impacto, como usted dijo, en ciertas culturas y creo que también está sucediendo en China, y se verá de manera maravillosa y creciente durante el siglo XXI. Hay muchos jóvenes chinos inteligentes que aceptan muy en serio a Jesús y a la Biblia. Lo he notado.

Zhao: Creo que puedo respaldar muchas de las palabras que acaba de decir. La fundación de la República Popular China en 1949 ha limpiado no solamente cosas malas en la sociedad sino también el alma de la gente. Pero creo que es un proceso. No es algo que sucede de un día para el otro, porque ahora que las personas han encontrado el modo y el camino hacia el desarrollo que más les conviene, están más animadas y enérgicas. Lo que China produce hoy en un día es el equivalente a un mes de lo producido en 1940 y eso no solo se debe al progreso de la ciencia y la tecnología, sino también al hecho que la mente de los chinos ha sido emancipada.

Lo que usted acaba de decir acerca del espíritu cristiano ha incrementado mi conocimiento sobre el cristianismo. Yo concuerdo con usted en que hay personas que levantan la bandera de la religión con maldad y avaricia. Estos no deberían ser confundidos con la religión. Por ejemplo, una secta en esencia no es una religión, pero puede ser una organización malvada. Es una pena que algunos, ignorando los hechos, han sido desviados y explotados por los líderes de las sectas.

99. Palau: Ahora hay dos cosas que me gustaría decir. Ha habido un tremendo progreso material, económico y científico en vuestra nación. China está avanzando a pasos agigantados. El 76 % de los chinos ha declarado estar contento y con una gran esperanza de que el futuro será aun mejor. En segundo lugar, los más optimistas aseguran que en la China hay alrededor de 100 millones de cristianos. Por eso en Occidente, especialmente en los países de cuna cristiana, hay mucho entusiasmo en relación a China.

Hace unos veinte años, antes de viajar a la China continental, durante un Festival en Hong Kong, proclamé que en cien años China sería un país poderoso.

Tengo una canción en mi maletín titulada: «Amo a China». Escuché a un coro de niños en Pekín cantarla hace un año. Había un niño de cada provincia de la China y mientras cantaban esta canción, había una pantalla gigante con varios paisajes de diferentes provincias de vuestro país. En la pantalla incluyeron la traducción en inglés. Debo confesar que lloré como un bebé cuando veía las imágenes y escuchaba la canción. Aún hoy en día me emociono al recordar aquel acontecimiento… ¡y eso que no soy ningún llorón!

Mi madre me enseñó a amar a China. Cuando yo era muy pequeño orábamos todo el tiempo por esta nación. Poder ser testigo de una China floreciente es maravilloso. Y como cristiano tengo la firme convicción que si tan grandioso país se edifica sobre la base de Cristo será más maravilloso todavía.

Zhao: Me conmueve profundamente su amor por mi país, sus deseos de una China más desarrollada y su fervor por ver que los chinos vivamos una vida más feliz. El desarrollo chino es el resultado de poner en práctica la teoría de construir un socialismo con características chinas y esto está basado en las tradiciones culturales propias del país. Es difícil imaginar que pueda ser construida a base de culturas importadas. Usted acaba de decir que puede ser amigo de un ateo, y yo estoy de acuerdo con ello. Yo tuve el mismo sentimiento cuando cantábamos juntos la canción «Auld Lang Syne». Esa canción del folklore escocés se convirtió en una canción muy popular en China tras ser introducida como el tema de la película *El Puente de Waterloo*.

Tal vez yo pueda resumir sus expresiones y las mías en los siguientes puntos: las diferencias entre el teísmo y el ateísmo no constituyen un obstáculo para nuestra amistad. El objetivo en común de ambos es promover la armonía global.

Palau: Correcto.

Times Square en Nueva York.

Una vista de una calle en Chicago.

Una oficina postal en Washington, D.C. justo antes de la Navidad.

Un cartel de la película El puente de Waterloo.

Zhao: El mutuo entendimiento y los diálogos frecuentes son esenciales y efectivos.

Palau: Así es.

Zhao: Estamos en contra de la avaricia, en contra del egoísmo, en contra de la holgazanería y en contra de la maldad y las guerras. En la historia antigua había guerras religiosas frecuentes. Usted ha explicado que la religión no es la causa de todas las guerras. La causa fundamental es la maldad y la avaricia del hombre. Mi deseo es que la religión desempeñe un papel en la prevención de las guerras, y que no sea utilizada ni por los belicistas ni por los militares.

Palau dirigiendo una pequeña banda que le da la bienvenida delante de la torre de televisión Perla Oriental en Shangai.

Palau: Es verdad.

Zhao: Usted mencionó que Hitler era ateo. También sabemos que no solamente era un maniático propulsor de la guerra, sino que además era un antisemita extremo. Hitler capitalizó los prejuicios religiosos generalizados en ese tiempo para suplir sus propias ambiciones políticas.

100. Palau: ¡Tenemos tantas cosas en común! Desde mi perspectiva, mi sueño es que cada ciudadano chino encuentre paz con Dios por medio de Jesucristo. Ese es mi sueño. Todos sabemos que un día vamos a morir; lo interesante es que Jesús ofrece la seguridad absoluta de la vida eterna a todos los pecadores que se arrepienten y creen en él. Él no espera que seamos perfectos, de otro modo nadie obtendría la vida eterna. Él nos ofrece perdón, y luego nos asegura el cielo eternamente cuando morimos.

A mí particularmente me gusta un versículo del Evangelio de San Juan: «El Hijo de Dios no vino al mundo para condenar al mundo, sino para salvarlo por medio de él» (Juan 3:17).

Zhao: Yo también tengo un sueño. Mi sueño es que los diálogos entre los creyentes religiosos y los no creyentes constituyan una parte importante de la cultura contemporánea.

Palau: ¡Totalmente de acuerdo!

Zhao: Alguien dijo una vez: «A mayor conocimiento mayor desconcierto, a mayor inteligencia mayor preocupación». Pero no creo que sea cierto. Usted es muy inteligente pero aun así es muy optimista.

101. Palau: Hoy he estado pensando en la importancia de que los amigos sean sinceros los unos con los otros, aunque a veces duele cuando un amigo nos dice la verdad. Pero siempre es para bien. Recordé las palabras del rey Salomón, el hombre más sabio del mundo. Ayer usted citó el libro de Proverbios, que fue escrito por Salomón, y esta mañana recordé las siguientes palabras de él: «Más confiable es el amigo que hiere que el enemigo que besa» (Proverbios 27:6). Las heridas duelen, pero luego se curan. Así que es un buen concepto, ¿no lo cree?

Zhao: Me gustaría hacerme eco de sus observaciones con un proverbio popular chino: «La medicina puede dejar mal sabor, pero es buena para la salud». Otro: «Un buen consejo puede sonar repugnante al oído, pero es bueno para la conducta». Creo que ambos dichos dicen esencialmente lo mismo.

Ya mencioné anteriormente lo que dijo Confucio: «A los sesenta años mis oídos están más abiertos a las palabras ásperas. Eso es signo de madurez y de un espíritu cultivado».

102. Palau: ¿A qué edad debería entregar una persona su corazón a Jesucristo? ¿Cuanto más joven, mejor?

Zhao: Tal vez por la influencia familiar algunas personas se hacen cristianas siendo muy jóvenes. Pero en su gran mayoría los chinos no son cristianos. A los jóvenes les influye su familia, la escuela y la sociedad. Algunos amigos de Europa y Estados Unidos me han preguntado qué tipo de sociedad está construyendo China. El pueblo chino está construyendo una sociedad socialista con características chinas, una sociedad armoniosa. Esa es nuestra política nacional actual. Esta sociedad armoniosa incluye indudablemente la armonía en una religión y entre las diferentes religiones, como así también entre los círculos religiosos y los no religiosos. Las diferentes religiones en China contribuyen a promover la armonía en el curso del desarrollo social.

103. Palau: Bueno, por mi parte haré todo lo que esté a mi alcance para lograr alcanzar la mayor armonía posible entre Oriente y Occidente, y en China trataré de animar a los jóvenes seguidores de Cristo a que se amen unos a otros y a respetarse. Esa sería mi pequeña contribución.

Zhao: Dada la importancia de las relaciones orientales-occidentales, creo que su contribución no será pequeña, sino mas bien una gran contribución. Quisiera expresar mis respetos no solamente a usted sino también a todos nuestros amigos que han contribuido a la amistad entre nuestros países.

104. Palau: Después de mi visita a Pekín en mayo, comenté en una entrevista televisiva acerca de una de las librerías que visité allí, que vendía Biblias y otros libros religiosos. Sin embargo, la gente me decía: «No es posible». ¡Aún persiste esa creencia! Con relación a las noticias sobre China, mucha gente está desactualizada.

Algunos todavía creen que deben pasar Biblias a escondidas porque en China no hay ejemplares. Entonces les cuento que estuve en la imprenta de la Fundación Amity en Nanking, la cual está dirigida por un neozelandés, y distribuyen millones de Biblias a toda la China. Incluso en dicha fundación me mostraron un mapa de China con todos los centros de distribución. Recuerdo haberle preguntado al gerente: «¿Cómo distribuye las Biblias por todo el país?», y me contestó: «A través del correo oficial chino».

Zhao: Creo que la mayoría de los occidentales saben menos de China que lo que los chinos saben acerca de Occidente. Hace unos años atrás, un grupo de ballet de Nueva York vino a Pekín y cuando solicitaban las reservas de hotel pedían que las habitaciones tuvieran baños. También cuando el presidente de una radio de Washington visitó China trajo en su equipaje mucho pan y galletas porque le habían comentado que podría tener problemas con la comida en China…

105. Palau: El cambio en China ha sido tan acelerado que las noticias tardan en llegar a los occidentales y los recuerdos de la Guerra Fría aún flotan en el aire.

Zhao: Una vez hablé con el Dr. Kissinger sobre este tema. Le dije que creía que existían dos áreas de malentendidos entre la gente de su país acerca de China. Una es que nuestra política exterior es idéntica a la que tenía la Unión Soviética, y la segunda es que después de un acelerado desarrollo económico, China podría ser un motivo de fricción económica y competencia para los Estados Unidos, como lo fue Japón en los años '70.

106. Palau: La historia registra que cuando un país o un imperio se enriquece, se vuelve pasivo, comienza a vivir del pasado y se pierden el presente y el futuro. La historia tiene un ciclo. Cuando un país se vuelve rico

y hay abundancia, existe una gran probabilidad de co-
rrupción moral, y eso da lugar a la decadencia.

Con respecto al primer malentendido, de que China
es idéntica a la antigua Unión Soviética, creo que es el
error más grande. ¿No lo cree?

Zhao: El Dr. Kissinger dijo que dado que la gente de su país son muy pragmáticos, le dan mucha importancia a la competencia económica, mientras que
un porcentaje mucho menor de personas considera que
China sea como la antigua Unión Soviética, política-
mente hablando.

La economía de mercado china es diferente a la
de los Estados Unidos y a la de los países europeos. E
incluso dentro de Europa, la economía de mercado de
Francia es diferente a la de Inglaterra o Alemania. Y
en Asia, el mercado económico japonés difiere de los
demás países del este asiático. Hay muchas sugerencias
para el mercado económico chino. Nosotros escucha-
mos atentamente las sugerencias y aceptamos las que
mejor se adaptan a la situación actual de China.

En China, las diferentes regiones y ciudades se ma-
nejan con diferentes programas y proyectos para el desarrollo económico. Una experiencia puede tener éxito
en una determinada región y no ser buena ni aplicable
para otra región. En el mundo no existe un modelo universal para el mercado económico y menos aún, un modelo político que pueda aplicarse de manera universal.

Beijing: antigüedad y modernidad coexistiendo en armonía.

107. Palau: Podríamos estar horas hablando de dicha temática. Sin embargo, Salomón dijo que «el hacer muchos libros es algo interminable y que el mucho leer causa fatiga» (Eclesiastés 12:12), así que lamentablemente debemos limitar nuestros conocimientos.

Zhao: ¿Cuántos libros lleva publicados Dr. Palau?

108. Palau: Cuarenta y ocho. ¿Y cuántos ha publicado usted?

Zhao: Unos pocos, ya que en la China un empleado público tiene muy poco tiempo para escribir libros. Este libro, *Explicando China al mundo*, fue publicado en mayo este año, 2005. Contiene veinte discursos de mi autoría y cuarenta diálogos con extranjeros. Ha sido reimpreso cuatro veces desde su publicación. La editorial está muy complacida, tanto que me expresaron su deseo de publicar una secuela.

109. Palau: Su libro trata fundamentalmente sobre la comprensión de las culturas de otros países y sobre el entendimiento internacional, ¿cierto?

Zhao: Exactamente. En este libro usted puede encontrar mis diálogos con figuras políticas y de los medios de comunicación de Alemania, Francia, Reino Unido, Estados Unidos, Corea del Sur y Japón. Y hay otros más que aún no han sido publicados. Para la segunda edición de este libro el editor piensa incluir la trascrip-

Un desfile de modas.

Calle de los extranjeros en Dali, provincia de Yunnan.

Reunión internacional de la cultura y los deportes civiles de Beijing, celebrada en el Paso Juyong de la Gran Muralla.

De moda con un fragmento de la escritura budista impreso en su camiseta.

Viaje al Callejón de Houhai en Beijing.

Una vista de una calle en Beijing con un cartel para una sociedad armoniosa.

¡Es el Festival de la Vecindad! Las personas se saludan unas a otras con flores.

Lanzamiento del nuevo libro *Presentando China al mundo: Discursos y diálogos del Sr. Zhao Qizheng.*

ción de nuestro primer diálogo en mayo de 2005. ¿Qué le parece?

110. Palau: Me sentiría muy honrado si así lo hiciera.

Una vista de una calle en Beijing en Nochebuena.

Zhao: Hace poco nuestro diálogo fue publicado en una revista, y algunos de los lectores nos expresaron su opinión, diciendo que usted es una persona de gran sabiduría y muy amigable. En efecto, yo también he sido beneficiado con su sabiduría.

111. Palau: ¡Ahora parece poeta!

Zhao: Tengo gran respeto por los filósofos, y usted

es un verdadero filósofo. Un poeta tiene fuertes emociones, pero no tiene una lógica fuerte. El Sr. Li Xiguang, profesor de medios y comunicaciones de la Universidad de Tsinghia, dijo que después de haber leído las transcripciones de nuestros diálogos quedó tan satisfecho que cualquier tipo de comentario hubiese sido absolutamente innecesario.

112. Palau: Sr. Zhao, ahora parece que hay una relación de gran amistad entre China y yo. Siempre he amado a China, ¡y ahora la China me ama a mí!

Zhao: Bueno, a mí también usted me caía muy bien, pero ahora puedo decir que lo aprecio como se quiere a un auténtico amigo. Ayer, mientras cantábamos juntos...

Palau: «Auld Lang Syne».

Zhao: Sí, allí juntos, delante de la orquesta en la entrada de la *torre de televisión Perla Oriental*, tuve ese sentimiento de cercanía con usted. Creo que de todos los allí presentes éramos los mayores. Todos se veían tan jóvenes y llenos de brío, pero ¿sabe una cosa? Las personas mayores tenemos más tiempo y motivos para pensar y reflexionar.

Palau: ¡Es verdad!

Zhao: Finalmente, creo que debemos agradecerle su colaboración a la *Asociación China de Contactos In-*

ternacionales por haber hecho posible estos diálogos. En China tenemos un proverbio que dice: «Después de cruzar el río, no podemos tirar abajo el puente». Si tuviéramos el tiempo suficiente, ¡continuaríamos nuestros diálogos durante veinte días!

Palau: ¡Así es! Me uno a la gratitud y confío en que la publicación de nuestro diálogo en forma de libro contribuya a que millares de personas —tanto en Oriente como en Occidente— también transiten la senda del diálogo cordial y maduro que contribuya a la paz y la armonía social. Jesús dijo: «La paz les dejo; mi paz les doy» (Juan 14:27).

Notas

Notas

Notas

Notas

Notas

Notas

Notas

Nos agradaría recibir noticias suyas.
Por favor, envíe sus comentarios sobre este libro
a la dirección que aparece a continuación.
Muchas gracias.

Editorial Vida
8410 NW 53rd Terrace, Suite 103
Miami, Florida 33166

Vida@zondervan.com
www.editorialvida.com